跟我来

e 时代

从城市交通发展的现状、
智慧交通概述等3个方面系统
智慧交通的建设关键技术和核

U0670842

智慧交通
跟我来

冀海波 编著

广西美术出版社

图书在版编目（CIP）数据

智慧交通跟我来 / 冀海波编著 . —南宁：广西美
术出版社，2014.1（2018.8 重印）
（红绿灯丛书）
ISBN 978-7-5494-1071-2

Ⅰ . ①智… Ⅱ . ①冀… Ⅲ . ①交通－青年读物②交通
－少年读物 Ⅳ . ① U-49

中国版本图书馆 CIP 数据核字 (2014) 第 297031 号

红绿灯丛书——智慧交通跟我来
Hongludeng Congshu—Zhihui Jiaotong Gen Wo Lai

编　　著：冀海波
策划编辑：梁　毅
责任编辑：吴素茜　黄冬梅
审　　校：杜　云
出 版 人：蓝小星
终　　审：黄宗湖
出版发行：广西美术出版社
地　　址：广西南宁市望园路 9 号
邮　　编：530022
网　　址：www.gxfinearts.com
印　　刷：北京潮河印刷有限公司
版　　次：2018 年 8 月第 1 版第 2 次印刷
开　　本：695 mm × 960 mm　1/16
印　　张：12
书　　号：ISBN 978-7-5494-1071-2/U·3
定　　价：32.80 元

前　言

　　交通是人类文明的有机组成，交通的发展与人类文明的发展一样漫长、悠久。

　　人类一开始直立行走，原始交通就存在了，手提、头顶、肩挑、背扛和面对面交流、打手势，随之出现了独木舟、驮兽、撬、车及路，不但满足了农业文明的需求，同时也使交通有了初步的发展。

　　19世纪，交通史上发生了革命性的变化——欧洲出现了大众的、快捷的、安全的铁路交通。它不但提高了客运的速度和效率，同时也提高了货运的速度和效率，从而促进了工业的发展和贸易的往来。

　　20世纪初，汽车和飞机的发明标志着交通史上的又一次飞跃。突然间，世界似乎变小了。从此，交通工具的变化越来越大，发展越来越快。汽车的种类逐渐增多，速度也不断提高。客轮更加豪华，货轮在重量上也不断增加。客机机型越来越大，飞行速度越来越快。无论是哪一种交通工具，发动机功率都不断增大，效率都不断提高。旅行也变得越来越舒适、越来越安全了。

　　进入 21 世纪，以计算机和电子通信技术为核心的信息技术将人类带入了信息社会，信息高速公路（互联网）、卫星通讯实现了全球一体化。您坐在电脑前，就可以把出行的方式、路线、道路状况、天气情况等全部了解，出行中借助卫星导航系统，随时选择最佳路线，这是智能交通的一部分；您坐在电脑前，就可以完成所需物品的选型、订购、运输、仓储、搬运等，这是现代物流的一部分……

　　的确，高科技与现代交通的发展，使世界变成了地球村，使人们之间的空间距离逐渐减少，交流增加。交通发展在给人们带来生活便利的同时也在改变人们的思想观念、行为方式和生活节奏。交通运输业是科技成果率先应用的领域，而时代在向前推进，我们的新世纪也是一个高科技的、知识经济的时代，一个科技与文化高度相融合的时代。除了汽车、飞机等交通工具外，地铁以及航运交通、航天技术的发展也在不断展现出新的面貌，它们无不闪烁着高科技的神秘光环。

　　总之，交通运输发展必将迎来高新技术广泛应用、高速安全交通全面发展的时代。科学家们正在研究汽车的电子化、智能化，无须驾驶员干预；怎样使飞机的运载量更大、速度更快，更安全，等等。各种现代交通工具的不断变化将深刻地影响和改变我们的生活方式和生活习惯。我们期待着"以人为本"，更安全、环保、智能和一体化的现代交通的出现，期待着交通堵塞问题能得到彻底解决。

目 录

第一章　智能交通

第二章　智能交通技术

第六章 先进的车辆系统

第一章 智能交通

　　随着全球经济的发展，社会对交通运输的需求持续增长，交通基础设施的增加依然不能满足交通运输量的增加，尤其是经济活动比较集中的世界各大城市，交通拥堵已成为普遍现象，严重影响了经济的发展，制约了社会活动的进行。人们不得不把更多的时间花在路途上，而交通事故造成的损失更令人触目惊心，交通阻塞还引起环境恶化。为了能够充分发挥现有交通设施的作用，促进经济的发展，使交通与环境更加协调和谐，各国政府都很重视利用信息数据通信技术、控制技术、传感器技术、运筹学、人工智能和系统综合技术的有效集成，将之应用于交通运输、服务控制以及车辆制造，从而促进了智能交通系统迅速发展。

第一节　深入智能交通

智能运输系统的起源

　　随着全球经济的发展，社会对交通运输的需求持续增长，交通运输业得到迅速发展。世界发达国家和地区从 20 世纪 50 年代起大力发展道路基础设施和汽车工业，促进了道路交通的飞速发展。在道路交通发展的同时，也带来了交通事故频发、交通污染严重、交通拥堵等严重的问题。在各种交通方式中，汽车消耗的不可再生能源最多，由此带来的环境污染是其他交通方式的几十倍；交通事故中由道路交通造成的事故也是其他方式的几十倍；交通拥堵更是道路交通特别是城市道路交通特有的现象；交通基础设施的增加依然不能满足交通运输量的增加，道路交通问题成为困扰世界各国的交通难题。

拥挤的交通需要更科学的设计

　　分析一下实际生活中的道路交通状况，例如，在一个十字路口，绿灯亮的路口没有车辆通行，而红灯亮的路口有车辆停在路口不能通行，导致十字路口有车辆等待而无车辆通行的怪现象。人们说，这些红绿灯没有智能，不能根据道路的实际情况动态调整控制策略。人们经常听到关于交通事故的报道，很多是人为因素引起的，均是由于驾驶员生理上的局限或者处于疲劳、分神状态而车辆又不智能，从而导致了交通事故。

　　从事交通工程研究的人员很早就想到提高车辆、道路的智能来改善交通系统。如果能够及时地检测到交叉路口的车流信息，并动态显示控制策略，则路口的通行能力将大大提高。研究发现，在交通高峰期，城市道路系统和高速公路系统并不会全都发生交通拥堵，有相当一部分道路仍然很畅通。如果能够及时地将道路网的交通信息告诉驾驶员，并提示他们合理使用那些路段，则道路网的资源就可以得到充分利用。如果汽车能够实时检测周围信息，并能正确地做出决策甚至全自动驾驶，则交通事故将大大减少，而效率会大大提高。这种想法在20世纪的六七十年代就已被提出。但如何采集交叉路口的车流信息？用什么算法来处理这些信息以得到合理的控制策略？如何采集主要道路上的实时交通状况数据？如何传输和处理这些数据？如何将信息传给交通的参与者？汽车如何实时检测周围信息？汽车如何处理这些数据后做出正确的决策？汽车如何来执行所做出的决策？这些问题都成为交通工程研究者的难题。

　　按照这些想法，人们试图让交通系统具有智能并开展了大量的工作。从国际智能运输系统的发展历史来看，各国普遍认为起步于20世纪六七十年代的交通管理计算机化就是智能运输系统的萌芽。

智能交通系统的概念

　　智能交通系统是当代信息社会的产物，它的产生极大地提高了人们的出行效率和安全性，也提高了社会效益。由于交通智能是模拟人类智能的，因此又可称它为模拟交通智能。智能交通系统的含义有广义和狭义之分。广义的智能交通系统应该包括交通系统的规划、设计、实施与运行管理都

城市智能交通系统

实现智能化；而狭义的智能交通系统则主要指交通运输系统的管理与组织的智能化。其实质就是利用高新技术对传统的交通运输系统进行改造而形成的一种信息化、智能化、社会化的新型现代交通系统。

美国运输工程协会认为ITS是由一些技术组成的，这些技术包括信息处理、通信、控制和电子技术，它可以通过新技术和综合运输系统的结合实现人和货物更安全、更有效地位移。他们给出的定义为：智能交通系统是把先进的检测、通信和计算机技术综合应用于汽车和道路而形成的道路交通系统。

欧洲道路运输通信技术实用化组织认为，智能运输系统或信息技术在运输上的应用能够减少城市道路和城际间干道的交通拥挤，增加运输的安全性，给旅行者提供信息和改善可达性、舒适性，提高货运效率，促进经济增长和提供新的服务。

日本的道路、交通、车辆智能化协会认为：ITS是运用最先进的信息、通信和控制技术，即运用"信息化"、"智能化"解决道路交通中的事故、堵塞、环境破坏等各种问题的系统，是人与道路及车辆之间接收和发送信息的系统。通过实现交通的最优化，达到消除事故及堵塞现象、节约能源、保护环境的目的。

我国交通工程学者给出的定义为：智能交通系统是在关键基础理论研究的前提下，把先进的信息技术、通信技术、电子控制技术及计算机处理技术等有效地综合运用于地面交通运输系统，从而建立起一种大范围、全方位发挥作用，实时、准确、高效的交通运输系统。

虽然关于ITS概念的理解各有差异，但共同点是主要的。ITS能使交通运输基础设施发挥出最大的效能，提高服务质量，使社会能够高效地使用现有交通设施，从而获得巨大的社会经济效益，主要表现在：

1.提高交通运输系统的安全水平，减少阻塞；

2. 增加交通运输的机动性；

3. 降低交通运输对环境的影响；

4. 提高交通运输的通行能力和机车车辆、飞机运输生产率和经济效益。

目前从世界范围来看，上述四个领域都在逐步地走向智能化，特别是在交通运输系统的组织管理方面实现智能化则更加急迫。

智能交通组织管理系统的内容是通过交通运输设施，包括车辆系统和道路系统（含轨道交通），通过高科技的融合，应用计算机和通信技术以及传感器技术与系统工程技术等硬、软件技术的合成，使交通运输系统的组织管理实现信息化、智能化，提高交通运输系统的安全性、快速性和可靠性，提高交通运输设施的利用率和社会效益。具体内容包括建立交通安全系统，旅客出行和货物集、装、运、卸、散的信息系统，交通控制系统，车辆运行系统，道路（包括轨道）的引导系统等。其主要目的是改善交通安全，减少道路拥挤，提高道路的通过能力，方便旅客旅行和货物运输，提高交通设施的利用率和效率，创造一个良好的运输环境。

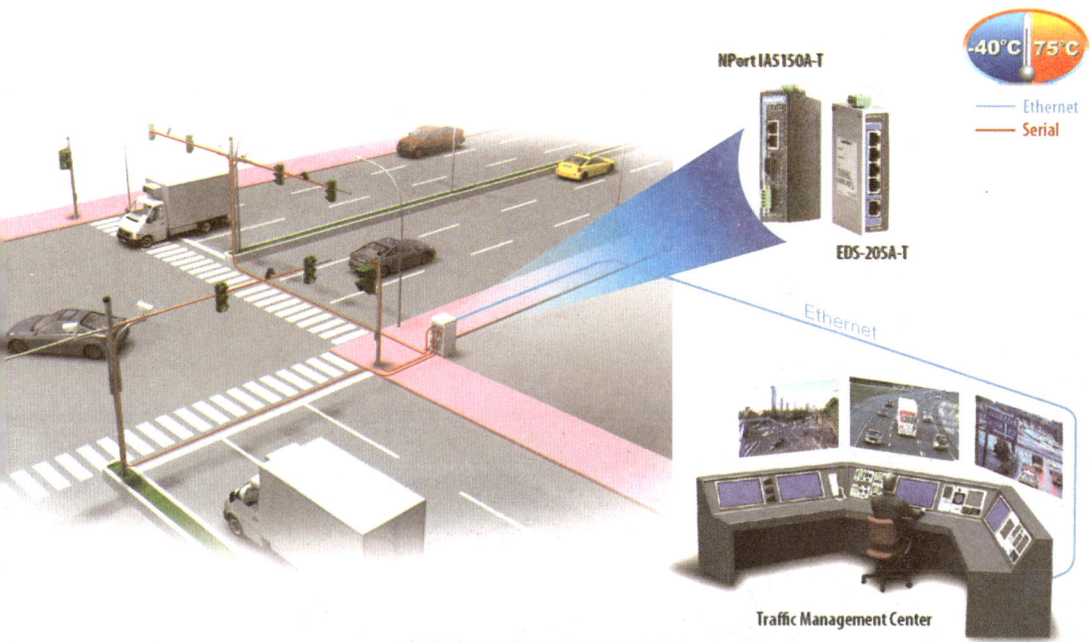

城市智能交通系统示意图

智能交通系统的特点

从系统整体的角度看，智能交通是众多技术的综合体现。但智能交通涉及的这些技术并不只是简单的合成和堆砌，而是彼此间有着紧密的联系。概括起来，智能交通系统技术具有以下特点：

1.技术的集成性

集成性可谓是 ITS 技术的最大特点。将先进的信息、控制、计算机技术和交通工程集成，形成了智能交通系统中各项特有的技术，如城市道路和高速公路智能交通控制技术、交通信息采集和融合技术、路径导航和交通信息服务技术、高速公路联网收费及不停车收费技术、智能车路技术等，这些技术加强了人、车、路之间的联系，将各种设施单元（车载设备、路侧单元、控制中心）、交通管理部门和出行者集成到一起，为提高运输系统的运输效率和安全水平提供了基础和手段。

拥堵的交通需要智能化管理

同时，ITS 是由多个子系统构成的。但是无论是子系统本身，还是各子系统之间，均需采用系统工程的方法，对系统本身以及系统之间进行上述 ITS 技术和方案的集成，并实施各种交通方式之间以及整个运行系统的集成，从而实现信息共享和一体化的交通综合管理。

以交通管理和控制系统为例，系统本身涉及信息采集、信息传输、信息加工、信息利用和信息发布以及采取控制措施等各项技术手段，这些技术手段以信息为纽带联系在一起，通过对信息的处理加工和优化算法，提出优化控制方案和管理措施，并将指令传递到各种控制的终端，实现对交通流的控制。又如，交通信息服务系统和交通控制系统之间，交通信息诱导必须以交通控制系统所掌握和分析的交通信息为基础，因此信息服务系统的信息和交通流诱导核心技术，必须和交通管理系统的信息加工和处理技术联系在一块。这种子系统之间的技术集成不仅能够实现子系统之间的良好协作，而且还能降低系统的处理时间，节省系统的设施和费用。

2. 技术的系统性

要将智能交通系统的各项技术集成到一块，形成一个有机和完整的系统，首先这些技术手段本身需符合系统的特定要求，才有助于实现系统功能；另外，系统的技术与技术之间有良好的接口和兼容性，才能整合到一起真正实现系统的总体功能和目标。这就是智能交通系统技术系统性特征的要求。

信息技术是交通智能化技术上的支持

3. 技术的先进性

智能交通系统的技术基础是先进的信息、计算机、网络、控制等技术。如何将这些先进技术应用到传统的交通运输管理领域当中，形成现代的先进的运输管理技术，正是应用智能交通系统解决当前交通问题的关键，也是其应用和开发研究所要集中解决的问题。

7

4.技术的综合性

智能交通系统要将各种信息技术包括电子信息技术、自动控制技术、计算机网络技术等有效地综合地运用于整个交通运输管理体系，这一方面说明智能交通系统包含了大量的技术，另一方面这些技术还必须被综合利用，而不能简单叠加，技术与技术之间有很好的分工协作，才能实现一个大范围内、全方位发挥作用的实时、准确、高效、安全的交通运输综合管理和控制系统。甚至就系统当中的某一个子系统而言，也要综合运用各种相关技术，才能实现一定范围内的功能目标。以交通管理和控制子系统为例，信息的采集因其方式而异，要用到传感器、超声波或视频技术等；信息的传输则要依靠信息传输技术；信息的加工和处理则涉及计算机技术，包括硬件中的网络和软件中的数据库技术；对交通的管理和控制要借助自动控制技术和网络传输实现系统生成的各种控制方案，以及借助各种信息发布技术发布各种信息。同时，也只有将这些技术加以综合利用，才能真正实现对交通流的实时的、智能化的控制。

5.各种技术的相互关系

从信息流程的角度看，ITS 系统涉及信息采集、信息处理、信息传输、交通管理与控制、信息发布和利用，所有的信息交互都是在信息传输网络的基础上完成的。上述的这些联系构成了 ITS 的信息链。

智能交通系统的设备

智能交通系统的组成

目前国际上公认，一个比较完整的 ITS 系统，主要是由以下七大子系统来组成的。

1. 交通信息服务系统

先进的交通信息服务系统是建立在完善的信息服务网络基础上的，交通参与者通过装备在道路上、车上、换乘站上、停车场上以及气象中心的传感器和传输设备上，可以向交通信息中心提供各处的交通信息；该系统得到这些信息并经过处理以后，实时向交通参与者提供道路交通信息、公共交通信息、换乘信息、交通气象信息、停车场信息以及与出行有关的其他信息；出行者根据这些信息确定自己的出行方式、选择路线。进一步讲，如果当交通工具上装备了自动定位和导航系统时，该系统可以帮助驾驶员自动选择行驶路线。

随着信息网络技术的不断发展，科学家们已经提出将该系统建立在互联网上，并采用多媒体技术，这将使交通信息服务系统的服务功能大大增强，汽车将有望成为移动的信息中心和办公室。

2. 交通管理系统

该系统有部分是与交通信息服务系统共用信息采集、处理和传输系统，但是交通管理系统主要是给交通管理者使用的，它将对道路系统中的交通情况、交通事故、气象状况和交通环境进行实时的监视，根据收集到的信息，对交通进行控制，如信号灯、发布诱导信息、道路管制、事故处理与救援等。

3. 公共交通系统

此系统的主要目的是改善公共交通效率（包括公共汽车、地铁、轻轨、城郊铁路和城

公共交通是 ITS 的组成之一

9

不需停车的电子收费系统

市间的公共汽车），提供便捷、经济、运量大的公交系统。

4. 车辆控制系统

该系统目前还处于研究试验的阶段，从当前的发展看，可分为两个层次：

一是车辆辅助安全驾驶系统，该系统有以下几个部分：车载传感器（微波雷达、激光雷达、摄像机、其他形式的传感器等）、车载计算机和控制执行机构等，行驶中的车辆通过车载传感器测定出与前车、周围车辆以及与道路设施的距离和其他情况，车载计算机进行处理，对驾驶员提出警告，在紧急情况下，强制车辆制动。

二是自动驾驶系统，装备了这种系统的汽车也被称为智能汽车，它在行驶途中可以做到自动导向，自动检测和回避障碍物。在高速公路上，能够自动在较高的速度下保持与前车的距离。但是车辆控制系统功能完全的发挥，还需要得到公路自动化系统的支持，不然就只能起到辅助安全驾驶系统的作用。

5. 货运管理系统

这里所说的货运管理系统是指以高速道路网和信息管理系统为基础，利用物流理论进行管理的智能化物流管理系统。

6. 自动电子收费系统

公路收取通行费是公路建设资金回收的重要渠道之一，但是随着公路交通量的不断增加，公路收费站开始成为道路上新的堵塞瓶颈。自动电子收费系统就是为了解决这个问题而研发的。使用者可以在高速公路公司或者银行预交一笔通行费，领到一张内部装有电子线路的通行卡，将其安装在自己汽车的指定位置，这样当汽车通过收费站的不停车收费通道时，该通道上装置的读取设备和汽车上的通行卡之间进行相互间的通信，自动在预交账户上

将本次的通行费扣除，在现有的车道上安装自动电子收费系统，可以使车道的通行能力提高 3 ～ 5 倍。

7. 紧急事件管理与救援系统

紧急事件管理与救援系统是一个比较特殊的系统，它的基础是交通信息服务系统、交通管理系统以及有关的救援机构和设施，通过交通信息服务系统和交通管理系统将交通监控中心、交警、道路养护管理机构、交通

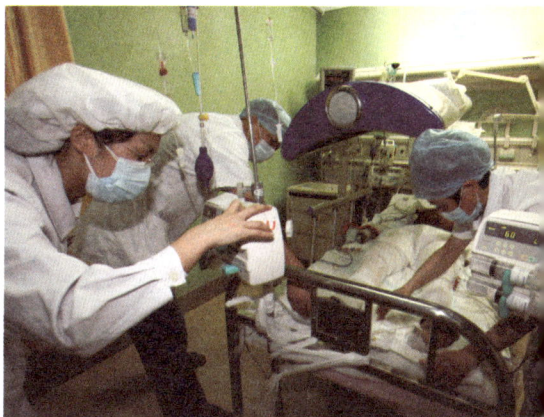

医疗救援

救援机构、灾害处置管理中心等机构联成一个有机的整体，为道路使用者提供现场紧急处置、拖车、现场救援、排除事故车辆等服务。

随着全球经济和科技的发展，建立一个"安全、高效、舒适"的全新的 ITS 系统已愈来愈成为 21 世纪世界道路交通的必然趋势和现代化城市的先进标志，可以预见，ITS 技术拥有着广阔的发展前景，它必将会给我们的生活带来巨大的变化。

知 识 链 接

未来公路的路面是什么样的

目前中国已经进入轿车消费高峰期，城市化和消费结构的升级促使私人汽车拥有量迅速增加。自 2002 年中国汽车行业步入高速发展轨道以来，汽车销量每年都在持续快速增长。

随着汽车数量的增加，以及科学技术的不断进步，未来公路也会面临重大的改革，它们在材料、形式和功能等方面将与传统公路有着显著不同。未来人们在修建公路时，将会在路面设计出各种花纹、或者用其他材料让路面的防滑能力提高。除此之外，很有可能会出现消声路面、防水路面、发光路面等。

第二节　世界各国的智能交通

美国的智能交通

（1）先进的交通管理系统

先进的交通管理系统主要指先进的监测、控制和信息处理系统。该类系统向交通管理部门和驾驶员提供对道路交通流进行实时疏导、控制和对突发事件应急反应的功能。它包括城市集成交通控制系统、高速公路管理系统、应急管理系统、公共交通优先系统、不停车自动收费系统、交通公害减轻系统和需求管理系统等。

在道路、车辆和监控中心之间建立起通信联系。监控中心接收到各种交通信息（如车辆检测、车辆识别、交通需求、告警和救助信号）并经过迅速处理后，通过调整交通信号，向驾驶员和管理人员提供交通实时信息和最优路径诱导，从而使交通流始终处于最佳状态。

美国公共汽车

（2）先进的旅行者信息系统

先进的旅行者信息系统主要是对交通出行者提供及时的信息服务。在出行前，通过办公室或家庭的计算机终端、咨询电话、咨询广播系统等，向出行者提供当前的交通和道路状况以及服务信息，以帮助出行者选择出行方式、出行时间和出行路线。在出行途中，通过车载信息单元或路边动态信息显示板，向出行者提供道路条件、交通状况、车辆运行情况、交通服务的实时信息，通过路径诱导系统对车辆定位和导航，使汽车始终行驶在最佳路线上，使出行者以最佳的出行方式和路线到达目的地。

（3）先进的公共运输系统

采用各种智能技术促进公共运输业的发展，它包括公共车辆定位系统、客运量自动检测系统、行驶信息服务系统、自动调度系统和电子车票系统等。

利用全球卫星定位系统和移动通信网络对公共车辆进行监控和调度，采用IC卡进行客运量检测和公交出行收费，通过个人计算机、闭路电视等向公众就出行时间和方式、路径及车次选择等提供咨询，在公交车辆上和公交车站通过电子站牌向候车者提供车辆的实时运行信息，改进服务，增强公共交通的吸引力。

（4）商用车辆运营系统

商用车辆运营是专为运输企业（主要是经营大型货运卡车和远程客运汽车的企业）提高盈利而开发的智能型运营管理技术，目的在于提高商业

美国货运车辆有专门的管理系统

车辆的运营效率和安全性。通过卫星、路边信号标杆等装置，以及车辆自动定位、车辆自动识别、车辆自动分类和动态称重等设备，实现电子通关，辅助企业的车辆调度中心对运营车辆进行调度管理。

（5）先进的车辆控制（和安全）系统

先进的车辆控制系统包括事故规避系统和监测调控系统等，主要指智能汽车的研制。智能汽车具有道路障碍自动识别、自动报警、自动转向、自动制动及自动保持安全车距、车速和巡航控制功能。安装在车身各部分的传感器、盲点监测器、微波雷达、激光雷达、摄像机等设施由计算机控制，在易发生危险的情况下，随时以声、光形式向司机提供车体周围的必要信息，并可自动采取措施，从而有效地防止事故的发生。车内计算机中存储大量有关驾驶员个人和车辆各部分的信息参数，当监测到这些参数发生变化、超过某种安全极限值时就会向司机发出警报，并采取相应措施，以预防事故发生。

（6）自动公路系统

自动公路系统是更高级的智能车辆控制系统和智能道路系统的集成——汽车自动驾驶系统。由路面设施和车辆上的特殊装备组成。如路面设施是在车道中心按一定间隔距离埋设磁铁，车载装置是磁传感器、障碍物检测雷达、车道白线识别装置、电子导向仪、电子自控油门、电子刹车装置等。以电偶将汽车组成一组一组的列车运行，每辆车可随时加入或退出列车车队，当汽车在车队中行驶时为自动驾驶，保证汽车的行驶绝对安全高效。

美国自动驾驶技术车辆

（7）先进的乡村运输系统

先进的乡村运输系统是根据乡镇运输的特殊需要，其他各类 ITS 系统在乡村环境下有选择性的运用。针对这种特殊要求，也有一些特殊技术的开发和研究，如紧急呼救和事故防止、不利道路和交通环境的实时警告、高效益成本比的通信和监测等。

欧盟的智能交通

欧盟 ITS 的研究是通过实施两项研究计划展开的。

（1）DRIVE 计划

该项计划是由欧共体在 1984 年提出的，目的是未来在此基础上加强对美国的竞争力。该计划大致可分：

1984～1987 年为计划的前期研究工作；

1988～1991 年进行 DRIVE-I 的研究；

1992～1994 年进行 DRIVE-II 的研究；

1995 年至今进行 DRIVE-III 的研究。

（2）PROMET HEUS 计划

该计划注重汽车的智能化，它与 DRIVE 计划是相互推动和发展的。主要研究内容：

①交通需求

以平衡交通需求量和提供高效服务为目的。包括用于收费道路的自动收费系统、交通阻塞的自动检测系统、车辆行驶管理系统等。

②提供车辆行驶信息与交通信息

用欧洲各国语言向驾驶员提供交通信息，交通管理机关提供道路交通动态信息，通过无线数据通信传递到车载多媒体计算机上，有效地引导汽车的行驶路线。由车载多媒体计算机显示出实时交通状况地图，注明行驶前方道路上的交通状况、交通阻塞信息。

③综合怀城市交通管理

使用设置在道路上的各种传感（检测）器收集各种交通信息与交通环

欧洲的公共交通

境信息，对城市交通进行综合控制并向驾驶员提供行驶信息，这项研究成果已在 30 座欧洲城市通过了实验验证。

④综合性的公路（高速公路）交通管理

以公路交通的安全、畅通、高效为目的。研究成果包括自动监视交通量、天气情况、路面状况、交通事故及交通突变时间等信息，由交通控制中心将这项信息作归纳整理，模拟出公路上的交通状况，并将公路上的交通状况信息传递给行驶中的汽车驾驶员。传递信息的手段有可变信息标志、卫星数字式移动电话（由车载多媒体计算机接收），在公路边设置公路交通专用调频广播发射装置（由车载收音机接收），特别是使用卫星数字通信移动电话用于交通事故的紧急报警、提供紧急救护研究并已通过实验验证。

⑤驾驶操作辅助设施

包括驾驶员状态监视装置[由能自动调整的微型摄像机拍摄驾驶员面部表情信息，并由此分析驾驶员的清醒状态，当驾驶员面部表情（特别是眼球）变化异常时及时报警提示驾驶员注意]、防碰撞报警器（由车载雷达或超声波装置测定距障碍物的距离信息，危险状态时报警提示驾驶员注意）、车间距离报警装置及高速公路合流处车辆间操作协调等内容。

⑥货车运行管理

用卫星通信系统实现货车与基地（公司）间的数据交换，并由此监控货物与车辆的位置，最大限度地提高运输效率。

⑦公路客运管理

公共汽车、长途客车的停站信息系统，旅行计划援助信息系统，长途客车的运行管理以及 IC 卡收费系统等是公共客运管理研究成果。

⑧驾驶员辅助视认系统

主要是红外摄像的夜视装置及防眩目装置的开发研究。

⑨汽车动态监视系统

道路附着系数检测报警装置及在易滑路面上改善车辆操纵特性的控制装置等。

⑩遵守车道保障装置

用车载摄像机测定汽车遵守车道标线情况，当汽车偏离车道时发出报警信号（当开启转向灯变换车道时该装置停止工作），防止驾驶员行驶中偏离车道标线。

⑪能见度信息检测装置

根据红外线照射在雨中、雾中发生散射的原理研制出测定驾驶员行驶中能见度信息的装置，根据能见度信息与车速信息分析结果发出警报信号。

⑫驾驶员驾驶状态监视装置

用安装在驾驶室内的摄像机监视驾驶员的面部表情，在面部表情僵硬时发出报警信号。这一装置能够在车辆启动时取得驾驶员表情（特别是眼

欧洲的货车在运行时可以通过通信获取数据

17

球）的基本数据，摄像机在行驶中自动跟踪驾驶员的面部表情，确定驾驶员是否进入瞌睡状态。

⑬防碰撞装置

使用车载雷达、摄像机等设施检测出障碍物并发出报警信号，进而自动进行制动转向操纵回避障碍物；并能对遇到的障碍物报警。尚需进一步研究的问题是自动超车装置的研制开发，包括自动选择适宜地点超车，并能自动在超车后驶回原车道。

⑭车辆间的协调行驶

使用微波实现前后车辆间的信息交换。主要装置包括行驶中的车辆间距报警，自动调节控制车辆之间的距离，对前方的停驶车辆自动报警。这一装置是由测定设置在路边的标注确定车辆位置与车间距离参数的。

⑮汽车的智能巡航控制

在检测出车间距离信息的基础上，根据测定的道路曲率、天气状况、道路附着系数、视认距离等道路环境信息，让后续行驶的车辆确认前方车辆或障碍的距离，执行跟车间距控制。

⑯紧急情况自动呼叫

这一装置主要是使用车载卫星数字式移动电话在发生事故等紧急情况

通过设备可以获取驾驶员的状态信息

交通管理系统可以给汽车适当引导

下自动开启发出呼叫信息，控制中心接收到报警信号后自动开启设置在发生事故路段道路两边的标注，发出闪光信号，让后续行驶的车辆确认前方发生了事故。

⑰汽车行驶路线引导

提供两种可选择的模式，一是由车载计算机存储道路交通网信息，供驾驶员选择行驶路线；二是根据交通控制中心的实时交通通信，使用无线通信引导行驶中车辆的行驶路线。

⑱行驶中的信息传递系统

使用调频广播及移动式卫星电话，向行驶中的车辆驾驶员传递旅行、交通信息，包括停车场的动态信息，提供停车信息服务。

日本的智能交通

日本 ITS 研究的一个显著特点就是政府有关各部门共同参与，密切合作，以保证在技术发展过程中没有遗漏。1993 年 7 月，日本"车辆、道路

与交通智能协会"成立，从而在与智能运输系统有关的 5 个省——建设省、通产省、邮政省、运输省和警视厅之间建立了加强合作的机制。

1995 年 8 月，在详细分析 ITS 用户服务范围的基础上，上述 5 个有关部门提出了日本《公路·交通·车辆领域的信息化实施方针》，其目的在于在 ITS 的统一规划下推进其工作。根据此方针，ITS 由导航系统、自动收费系统、安全驾驶援助系统等 9 个开发领域和 20 个用户服务功能构成。

1.导航系统

导航系统主要包括卫星导航系统和公路交通信息通信系统。卫星导航系统是指以全球定位系统 GPS 的方式接收卫星电波，进行位置计算，并在地图上显示出目前汽车所在位置，标示出抵达目的地的距离和方位，以帮助驾驶员抵达目的地的系统。公路交通信息通信系统是指为方便驾驶人员，减少和缓和堵塞等，通过公路上设置的信标和 FM 多路播放，向导航系统等车载装置实时提供堵塞情况、所需时间、施工、交通限制等有关公路交通信息的系统。主要服务对象为驾驶人员，包括以下两个服务功能：

（1）路途引导交通信息提供系统；

（2）与目的地相关的信息提供系统。

日本交通管理中心

2. 电子收费系统

电子收费系统是指为了解除收费公路收费站上的堵塞，实现无现金化，提高便利性，利用收费站处设置的天线和通行车辆车载装置之间的无线通信自动付费，使收费公路收费站非停车通行成为可能。主要服务对象为驾驶人员、运输企业、管理部门，它只有电子收费一个功能。

3. 安全驾驶辅助系统

安全驾驶辅助系统是指为防止事故，确保安全驾驶，通过公路上设置的传感器等收集路面情况等信息，并使其在公路与车辆之间传播，向驾驶人员发出"前方发生危险"等警告。另外，配合高度的车辆控制技术，以实现"自动回避冲撞"，进而实现"自动驾驶"的系统。主要服务对象为驾驶员，包括以下4个服务功能：

（1）驾驶和道路信息提供系统；

（2）危险警告系统；

（3）驾驶辅助系统；

（4）自动驾驶公路系统。

4. 交通管理的最佳化系统

交通管理的最佳化系统即通过路途诱导、信号控制等实现交通管理的最佳化。

安全驾驶主要依靠驾驶员的素质和意识

其主要服务对象为管理部门、驾驶员，包括以下2个服务功能：

（1）先进的交通流控制系统；

（2）交通事故通报系统。

5. 公路管理的效率化系统

公路管理的效率化系统是通过提供特殊车辆管理、通行限制状况等来提高公路管理的效率。其主要服务对象为管理部门、运输企业和驾驶员，主要包括以下3个服务功能：

（1）管理事务的高效化；

（2）特殊车辆管理系统；

（3）道路危险信息通报系统。

6. 公共交通援助系统

公共交通援助系统是通过提供公共交通运行状况等措施来提高公共交通的运营效率。其主要服务对象为公共交通使用者和运输企业，主要包括以下2个服务功能：

（1）公共交通信息提供系统；

（2）公共交通运行援助系统。

7. 业务用车的效率化系统

业务用车的效率化系统是业务用车的运行管理援助系统。该系统是指为了提高业务用车的运输效率，减少业务交通量，提高运输安全，实时收集货车、旅游车等的运行情况，作为基础数据提供给运输事业公司等，从而实现援助和运行管理的系统。主要服务对象为运输企业，主要包括以下2个服务功能：

（1）商用车运行管理支援系统；

（2）商用车连续自动运行系统。

8. 步行者援助系统

步行者援助系统是指为了给步行者，特别是高龄者、残疾人等提供能

有层次的日本场内交通

够安心使用的安全、舒适的道路环境，利用携带的终端机等装置就现在所处位置、设施和路线等，为步行者提供援助的系统。其主要服务对象为步行者，主要包括以下2个服务功能：

（1）步行路线指引系统；

（2）车辆—步行者事故规避系统。

9.紧急车辆运行援助系统

紧急车辆运行援助系统是灾害或事故发生以及发生情况的自动通报和救援系统。主要服务对象为驾驶员，包括以下2个服务功能：

（1）紧急情况自动通报系统；

（2）紧急车辆线路诱导/救援活动支援系统。

10.建立在高速公路边客运枢纽的交通信息查询系统

该系统的特点是综合发布高速公路的交通拥挤信息以及公共交通信息。Internet已经成为发布交通信息重要的手段，日本冈山的停车场诱导网站，可以让旅客在出行前了解目的地的停车场情况。

韩国的智能交通

有序的日本路上车辆

2001年韩国拥有的车辆数量为1290万辆左右。据统计，20岁以上的成人人口为3320万左右，这说明平均每2.7个成人拥有一辆汽车。韩国每年因交通混乱造成事故的损失费用大约达到20万亿韩币。交通问题在社会、经济方面存在着很复杂的关系，不是单纯地减少车辆或加宽道路的方式所能解决的。解决这个问题的方案就是引进ITS技术。

1999年2月，韩国制定了"交通体系效率法"，这项法律确立了国家

级 ITS 实行计划和法律依据，促进了 ITS 技术标准的制定工作。韩国的国家 ITS 事业促进体系根据体系效率法来组成，交通政策委员会和信息化促进委员会审议国家政策，调节政府间的业务，是制定 ITS 基本计划和指导实施的最高权力机构，下设建设交通部、信息产业部、产业支援部、科学技术部、警察厅等事业执行机构，并组成了民间咨询机构 ITS Korea 负责咨询业务。各地方机构为地方警察厅、地方自治团体、韩国道路公社、大学等单位，负责 ITS 实施计划的具体工作。

韩国的 ITS 计划分以下 3 个阶段：第一阶段是从 2001～2005 年，主要任务是组成 ITS 机构及初期工作；第二阶段是从 2006～2010 年，这个阶段是形成产业化，扩大规模的阶段；第三阶段是从 2011～2020 年，是确保系统类连接、兼容及运行的效率性和为更高级系统进行规划的高级阶段。

韩国从 1995 年就开始进行实际性业务的准备工作，现已经基本完成 ITS 基本框架、技术标准化、电子道路地图及 DB（数据）的建立工作。在

韩国街头交通

民间领域，GIS 技术和通信技术有了长足的发展，尤其是传送交通信息的交通网已经具有相当规模。同时，GPS 及其相关技术在远程检查、远程控制等领域的发展进程也加快了。

韩国在 ITS 领域里比较普及的是利用车辆位置跟踪系统的运输、物流、宅送等货运管理信息系统，这些系统能够通过电子地图的控制中心和车辆的数据通信掌握车辆的位置、货物负荷情况、移动路径等车辆的有关信息，提高车辆的效率和减少运营费用。呼叫出租车系统随着数据通信终端机产品（如 PCS、TRS、CDMA 等）的出现，在出租车公司得到了广泛的应用，在出租车内可以察看交通信息、天气、证券等多种信息，也可以利用信用卡刷卡结账。数字产品的应用带动了韩国出租行业的大发展。

车辆导航系统（CNS）发展曾经因为亚洲金融危机的影响而有所停滞，随着因特网的飞速发展和比过去更加重视信息的消费者的关注又重新推动了这个市场的发展，现在有关企业正积极地推出新产品，尤其是结合了无

韩国公共交通

线数据通信技术，CNS 不仅在 ITS 领域，还在电子商务等扩展领域都将大展身手。

另外，用于紧急车辆向控制中心发送急救信息或利用远程技术诊断车辆的车辆管理及防灾系统，也得到了商品化的应用。韩国的通信技术比较先进，可以预计，数字调频广播信息（FM DAR）、远程控制系统（RCS）、车辆位置定位跟踪系统（GPS）、紧急救助系统（ERC）等产品将很快地在韩国大规模应用。

新加坡的智能交通

新加坡在现代化的交通发展方面可以说是走在了世界的前列。事实上，该国的诸多现状都不利于新加坡现代交通的发展，甚至说本该会严重阻碍其发展。比如该国国土面积狭小，交通设施建设空间相对不足；常住人口相对较多，出行量大；国际商贸活动频繁，外来人口大幅增加当地交通

新加坡 ERP 系统

压力等。尽管面对这么多困难，新加坡还是凭借良好的规划和有效的实施打造了一个现代化的交通业。其中，城市道路电子动态收费系统（ERP）的应用最为成功，对建设一个高效、智能的现代交通业起到了至关重要的作用。

新加坡是世界上第一个在城区建立 ERP 的国家，该系统于 1998 年 9 月正式投入使用。

新加坡将最拥挤的约 720 公顷的区域定为限制区，该限制区占新加坡总面积的 1.2%，拥有良好的主干道路网和环路。建立电子收费系统之前，新加坡一直使用 1975 年建立的人工收费系统调节高峰期、拥挤路段的交通流量。1998 年，新加坡开始在国内大范围部署 ERP。与 ERP 系统启用同步，对所有车辆均实行税收减免政策以促进该系统的运作。ERP 系统是专门的小范围无线电信息系统，它主要由三个部分组成：带现金卡的车载单元（IU）、ERP 显示牌（或控制点）、控制中心。

现在新加坡的多数机动车上都安装了 IU，每个 IU 号同车辆的车牌号对应。IU 上有一个槽用来从现金卡上支付费用。将现金卡插入 IU 中后，

ERP 系统有效缓解了新加坡的交通压力

每次通过要交费的路段，路段上的扫描装置会与 IU 设备对话，并根据车型分类，扣除相应的 ERP 费用值。违章的车辆信息将保存 6 个月，作为证实驾驶员违章的证据。基本上，ERP 在中心商业区的一定路段和容易发生堵塞的高速公路上实施，以防止这些地区的道路出现过载现象。迄今，新加坡约 70 万辆机动车中约有 97% 安装了 ERP 计费系统。

此外，新加坡对 ERP 系统还有更灵活的管理措施——收费费率的调整。简单来说，调整 ERP 费率可以使交通既不拥挤，又不致出现道路空置造成资源闲置的状况。通过使用 IU 系统对高速公路上车辆的跟踪，新加坡道路管理部门可以了解高速公路上车辆的平均时速，当平均时速低于 45 公里时，说明高速公路上的车辆过多，已经不允许更多车辆再进入高速公路，所以适当调高收费费率；而当车辆时速提高到 65 公里时，就降低收费费率。该费率调整还不断公之于众，以方便驾驶员的监督。

自从 ERP 系统运行以来，早高峰小时和全天的交通量都有很大程度的减少。数字显示，新加坡使用 ERP 系统一年后的日交通量就减少了 15%，7:30 ～ 9:30 高峰小时交通量减少了 16%。而在 ERP 系统收费前一时段（7:00 ～ 7:30），交通量增加了 10.6%，这种情况主要是因为一些车辆为了避免支付 ERP 费用而提早出行。

在新加坡限制区范围内，从主要道路的车流速度可以看出 ERP 系统对于缓解交通拥挤具有很大作用。从 ERP 实施的情况看，城市内主干道路的速度都在期望优化速度的范围内，即 20 ～ 30 公里/小时。在使用 ERP 系统之前，7:00 ～ 7:30 的车流速度并未受到严重影响。但是 ERP 系统停止以后，即 19:00 之后的 45 分钟内的行车速度严重下降。这是因为当地的许多司机考虑到收费因素，避免在收费时段进出限制区，新加坡道路的拥堵情况因此有所缓解。

中国的智能交通

我国是一个幅员辽阔、人口众多的大国，客货运输不仅数量大，而且

公共交通智能化调度中心

空间分布广，单一的交通方式是不行的，只有走综合交通之路，为此，ITS 的发展必须建立在发展综合交通的基础上。从欧盟各国来看，他们也采取了发展综合交通智能化的道路，很值得我们借鉴。我国 ITS 的发展要解决以下几个问题：

1. 制定我国 ITS 计划，应分层次并有所侧重

根据我国的实际情况，可将我国智能交通规划的开发研究分成几个层次进行。

第一层次是编制我国 ITS 的总体框架。因为 ITS 是一个巨大的系统工程，要实现它的功能必须要服从总体要求，发挥单项作用，才能避免浪费和低效。总体框架包括总目标、交通运输网的构想、相互联系与协调、重要综合交通枢纽的协调、客货运输的协调等。

在总体框架指导下，应加强以下 3 个方面的研究。

（1）提高路网（包括综合枢纽部分）通过能力（或通行能力）、利

用效率和以合理交通结构为中心的近期ITS项目研究，包括铁路线、枢纽、干线公路、长江沿海航行以及航空港等，以及它们的环境、设备、使用情况等信息管理与处理系统。

（2）机车车辆、机动车辆、船舶等监控系统，包括车船利用、调度、指挥、运行等方面的智能化研究。

（3）车路综合和交通运输智能化管理系统，把路网信息与车辆信息结合起来，实现交通运输的智能化。

第二层次是编制各种运输方式各自的ITS发展规划。它包括铁路、公路、水运、民航和城市交通，其中特别是铁路、公路、民航和城市交通系

智能化交通管理

统的 ITS 开发设想。这几个部门目前都进行了多项与 ITS 相关的开发研究。如铁道部门正在建设的 6 个管理信息系统，包括铁路货车计算机管理系统（TIMS）、调度指挥系统（DMS）、客票发售系统（PSMS）、办公自动化系统（OAS）、集装箱管理系统（CMIS）、机车车辆检修系统（RIMS）等，它们都是铁路智能化运输的基础工作，同时铁路运输又是具有多种通信载体的运输部门，几万辆机车都已配有机车自动信号装置，并具有无线与有线通信设备，这些硬件条件都为实现 ITS 提供了基础，铁路通过发展 ITS 可以提高铁路运输效率和保证铁路运输安全。

对于公路运输 ITS，我国交通部正在研究开发之中。随着我国高速公路的增加和公路网的发展，发展公路汽车运输 ITS 已刻不容缓。城市交通，特别是特大城市的交通拥挤阻塞、事故频繁，发展 ITS 已迫在眉睫。综上所述，在国家 ITS 发展总框架指导下，编制部门的总体计划亦是十分必要的。

第三层次是重点实施 ITS 工程项目计划。它将成为我国 ITS 发展的起步工程，发挥带动作用。

2. 大城市公共交通 ITS 的开发研究

城市交通中，优先发展公共交通是我国发展城市交通的基本政策，为此，发展城市公共交通 ITS 是城市交通建设的重点。要充分利用高新技术提高公共交通的服务水平，促进交通结构的合理化，在交通控制管理、道路政策等方面切实实现公共交通优先政策，研究公共汽车专用车道、优先车道、有线信号及公共交通信息服务系统等。

3. 开展城市交通车路综合管理的 ITS 系统

城市交通主要是解决人、车、路的合理结合，在有限的道路条件下，如何发挥其最大的作用，出路在于城市交通管理实现 ITS，这从国外的实践已得到了证明。我国城市交通管理的 ITS 系统不能照搬国外经验，由于我国人口多、自行车多，为此，结合国外经验，建立我国自己的城市交通管理的 ITS 系统更是亟待解决的问题。

知 识 链 接

未来的交通将是什么样的

你想象过乘上火箭去太空旅游吗？你能相信汽车既能在陆地上行驶，又能在空中飞翔、在大海里航行吗？如果你想周游世界，只要在家中将旅行计划输入电脑，一切交通过程都将被妥善安排好……这听起来像是一种幻想，但这个"梦"完全有可能在不久的将来成为现实。

在未来，随着科学技术的不断发展，无论是新型交通工具的外观、性能、燃料，还是交通的观念和形式，都将发生许多重大的改变。例如，全电脑控制的水、陆、空三用汽车将问世：当你在地面道路上行驶却遇到堵车现象时，它可以自动升空飞行；当你来到海边时，它又能直接驶入大海，像游艇一样地航行。未来的火车速度将超过音速，以超导磁悬浮列车为代表的新型火车，配上特别的真空隧道，行驶速度将达到10000千米/时以上。那时，更多的人将选择火车而不是飞机作为旅行工具。你一定知道双体客轮，它的特点主要是稳定性好、载客多。目前，科学家正在研究将这种交通形式"移植"到空中。预计有4个发动机的双机身巨型客机，将能乘载2000名以上的乘客，而且速度快，稳定性也大大增强。

第二章　智能交通技术

　　近年来，GIS 技术应用得到空前的发展，其应用领域由自动制图、资源管理、土地利用等，发展到与地理相关的交通、邮电、军事等各个领域。交通 GIS 是 GIS 重要的一个分支。交通 GIS 建立在各种交通运输网络基础上，通过数据库与空间分析相结合的方法，描述交通运输网络和网上运输流，并反映运输网络所存在的问题。交通规划、预测等模型与 GIS 结合，使之成为交通辅助决策支持系统。目前交通 GIS 可应用在交通运输规划管理与设计部门，且在智能运输系统的集成中起着重要作用。

第一节 交通地理信息系统 GIS-T

地理信息系统

GIS 即地理信息系统，它是在计算机软硬件支持下，对地理环境诸要素进行采集、存储、管理、分析、显示与应用地理信息的计算机系统。简单地说，地理信息系统就是综合处理和分析地理空间数据的一种技术系统。GIS 技术是 ITS 中的一项重要技术，它基于地理空间数据管理，以道路交通网的地理位置为坐标，将道路交通特性资料与地理空间资料相结合，形成一个完整的、多层次的空间数据库，并建立相关模型的知识库。GIS 主要用于车辆导航定位和车辆监控调度，是实现智能交通系统中车辆定位和跟踪的地理信息基础平台；同时还可用于道路交通管理以及车站、码头等运输公共事业部门，作为一种交通信息查询的工具，加强对交通设施的管理，提高车辆的行车安全和行车效率。运用 GIS 数据库和工具实现的电子地图可以完成多种功能，包括数据采集与编辑、地理数据库管理、空间查询和分析以及地形分析等，从而有效地服务于智能运输系统中的各项管理功能。GIS 主要由 4 部分组成，即计算机硬件系统、计算机软件系统、地理数据和用户。

地理信息系统的应用

1.计算机硬件系统

计算机硬件是计算机系统中物理装置的总称，它是 GIS 的物理外壳。GIS 受硬件的支持或制约。由于 GIS 目标和任务的复杂性和特殊性，必须有计算机及其连接设备的支持。

2.计算机软件系统

计算机软件系统是指 GIS 运行所必需的各种程序，它是 GIS 的灵魂。一般由计算机系统软件、地理信息系统软件（GIS 软件）和应用分析软件组成。

计算机系统软件是由计算机厂家为方便用户使用和开发计算机资源而提供的程序系统。通常包括操作系统、汇编程序、编译程序和服务程序等，它是 GIS 日常工作所必需的基本软件。

GIS 软件可以是通用的 GIS 基础平台，也可以是专门开发的 GIS 软件包。GIS 软件一般应包括数据输入和校验、数据存储和管理、空间查询与分析、数据显示和输出，以及用户接口等五个基本模块。

在优秀的 GIS 基础软件平台上，用户进行系统开发的大部分工作是开发应用程序，而应用程序的水平在很大程度上决定系统的实用性优劣和成败。应用程序的开发是动态的，与系统的物理存储结构无关，而随着系统应用水平的提高不断优化和扩充，只有二次开发好的 GIS 才会是一个实用的、成功的地理信息系统。

3.空间数据

空间数据是指以地球表面空间位置为参照，描述自然和社会经济要素的数据，可以是图形、图像、文字、数字和表格等。空间数据由用户通过各种输入设备或系统通讯输入 GIS，是 GIS 所表达的现实世界经过模型抽象的实质性内容。

智能化系统的计算机硬件

GIS 所包含的数据均与地理空间位置相联系，以坐标的形式进行定位。GIS 数据包括相互联系的三个方面：

（1）几何数据

这是描述地理实体本身位置和形状大小等的量度信息，由坐标系表达。

（2）关系数据

这是描述各个不同地理实体之间空间关系的信息，如接近度、邻接、关联、包含和连通等。其表达手段是建立实体之间的连接信息，用拓扑关系来表示。关系数据的存在有助于各种应用和空间分析。

（3）属性数据

是指非空间数据，是各个地理单元中的自然、社会、经济等专题数据。其表达手段是字符串或统计观测数值串。属性数据是 GIS 的主要处理对象，是对地理实体专题内容更广泛、更深刻的描述，是对空间数据强有力的补充。

地理数据以数据库进行组织和存贮，并通过数据库管理系统进行管理。地理数据属于空间数据，GIS 特殊的空间数据模型决定了 GIS 独有的空间数据结构和数据编码，也决定了 GIS 独具的空间数据管理方法和系统空间数据分析功能，成为资源与环境管理和地理学研究的重要工具。空间数据记录的是空间实体的位置、拓扑关系和形态、大小等几何特征。表示地理要素的空间数据可分为如下 7 种不同类型：

海南省 GIS 系统展示

①类型数据。如居民点、交通线、土地类型分布等。

②面域数据。多边形中心点、行政区域界限和行政单元等。

③网络数据。如道路交叉点、街道和街区等。

④样本数据。如气象站、航线和野外样本的分布区等。

⑤曲面数据。如高程点、等高线和等值区域等。

⑥文本数据。如地名、河流名和区域名称等。

⑦符号数据。如点状符号、线状符号和面状符号等。

上述各种类型的空间数据都可以用点、线、面三种不同的图形来表示，并可分别采用平面坐标、地理坐标或网格法表示。

4.用户

GIS 应用人员包括系统开发人员和 GIS 技术的最终用户，他们的业务素质和专业知识是 GIS 工程及其应用成败的关键。应用人员是 GIS 中重要的构成因素，仅有系统软件、硬件和数据还构不成完整的地理信息系统，需要人进行系统组织、管理、维护和数据更新、应用程序开发并采用地理分析模型提取多种信息，为地理研究和地理决策服务。

地理信息系统的功能

在建立一个实用的地理信息系统过程中，从数据准备到系统完成，必须经过各种数据转换，每个转换都有可能改变原有的信息。一般的地理信息系统包括以下几项基本功能。

1.数据采集与输入

数据采集与输入是将系统外部的原始数据传输给系统内部，并将这些数据从外部格式转换为系统便于处理的内部格式的过程。对多种形式和多种来源的信息，实现多种方式的数据输入，主要有图形数据输入、栅格数据输入、测量数据输入和属性数据输入等。它包括数字化、规范化和数据编码三方面的内容。

交通信息采集与录入

数字化是指根据不同信息类型，经过跟踪数字化或扫描数字化，进行模数转换、坐标变换等，形成各种数据文件，存入数据库内。

规范化是指对不同比例尺、不同投影坐标系统和不同精度的外来数据，必须统一坐标和记录格式，以便在同一基础上进一步工作。

数据编码是指根据一定的数据结构和目标属性特征，将数据转换为计算机识别和管理的代码或编码字符。

数据输入方式与使用的设备密切相关，常用的有三种形式，即手工方式（键盘输入）、手扶跟踪数字化和扫描数字化。随着科学技术的发展，通过对遥感影像信息的处理和提取获得地理数据以及通过数据通信方式直接获得有关数据，发展了 GIS 数据输入新的先进方式，有影像处理和信息提取方式、数据通信方式。

（1）手工方式（键盘输入）

手工方式是通过手工在计算机终端上输入数据，主要是键盘输入。手工方式主要用于属性数据的输入，例如人口、各类资源、环境等统计资料的录入。另外，一些实际测量数据也以坐标形式采用手工录入系统。

（2）手扶跟踪数字化方式

手扶跟踪数字化仪是一种图形数字化设备，是常用的地图数字化方式。数字化仪采用手扶的跟踪设备（游标或定标器）跟踪地图元素（点、线、面），把各种图形信息转换成相应的计算机可识别的数字信号，送入计算机进行处理，生成矢量数据。数字化仪定位精确，产生的数据精度高，使用方便，工作幅面大。

（3）扫描方式

扫描仪是一种图形、图像输入设备，可以快速地将图形、图像输入计算机系统，是目前发展很快的数字化设备，已经成为图文通信、图像处理、模拟识别、出版系统等方面的重要输入设备。扫描数字化的特点是扫描录

入数据速度快，通常是数字化仪的 5～10 倍；扫描过程自动进行，操作简单。

扫描仪与数字化仪在处理问题上各有自己的优点和缺点。扫描仪速度快但数据精度较差，数字化仪速度虽慢但采集数据的精度高；扫描仪扫描过程简单，易操作，但扫描过程中不能有选择地提取信息，产生大量的栅格数据，后续处理工作难度高、工作量大。而数字化仪则可从包含大量多余信息的地图中提取有用的信息，数据量小，后续处理简单。

为了满足大量、大幅面、内容复杂的数字化材料的快速数字化需要，新型数字化仪器不断发展，如视频数字化仪主要用于数字化航片上的线性物体，解析测图仪主要是获取三维数据，另外数码相机也是采集实际景观的新型数字化设备。

（4）影像处理和信息提取方式

影像处理和信息提取是从遥感影像上直接提取专题信息，影像处理技术包括几何纠正、光谱纠正、影像增强、图像变换、结构信息提取、影像分类等。由图像处理技术支持的交互式人机对话判读技术，可支持用户采用键盘、鼠标器或光笔在影像屏幕上直接翻译，经编辑和拓扑生成后，更新地理信息系统数据，是目前技术水平下的一种十分有效的快速信息采集方式。

（5）数据通信方式

数据通信是指在联网方式下，信息系统内部各子系统之间以及与其他信息系统之

信息采集终端

交通信息采集与设备检测

间实现信息交流和信息共享的主要方式。采用计算机网络技术，利用网络内部和系统间的数据通信，实现资源的分布式存贮和管理，以提高效率和增强系统的功能，已经成为目前发展的趋势。

Internet 是目前世界上最大的计算机网络和信息源，Internet 上也有大量的有关地图制图学和地理信息系统的信息，能够搜寻、检索、显示、保存有关地图、地图制图学、数字制图的信息以及综合的地理信息系统、全球定位系统等。数据通信技术的发展对地理信息系统中数据采集系统的性能提高，将起到极大的推动作用。

2. 数据编辑与更新

数据编辑主要包括图形编辑和属性编辑。图形编辑主要包括图形修改、增加和删除，图形整饰，图形变换，图幅拼接，投影变换，误差校正和建立拓扑关系等。属性编辑通常与数据库管理结合在一起完成，主要包括属性数据的修改、删除和插入等操作。

数据更新是以新的数据项或记录来替换数据文件或数据库中相应的数据项或记录，它是通过修改、删除和插入等一系列操作来实现的。由于地理信息具有动态变化的特征，人们所获取的数据只反映地理事物某一瞬间或一定时间范围内的特征，随着时间的推进，数据会随之改变，因此，数据更新是 GIS 建立地理数据的时间序列、满足动态分析的前提。

交通局负责采集与管理

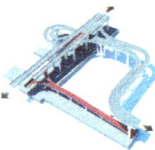

3. 数据存储与管理

数据存储是将数据以某种记录格式存储在计算机内部或外部存储介质上。其存储方式与数据文件的组织密切相关。数据管理是处理数据存取和数据运行的各种管理控制。空间数据管理是 GIS 数据管理的核心，各种图形数据或图像数据都以严密的逻辑结构存放在空间数据库中。属性数据管理一般直接利用商用关系数据库软件，如 FoxPro，Oracle，SQL Server 等进行管理。

在地理信息系统软件中，需要管理的数据主要包括：空间几何体数据、时间数据、结构化的非空间属性数据以及非结构化的描述数据。为了实现对这些数据的管理，通常的方案包括如下方面：

（1）文件管理

文件管理是将所有的数据都存放于一个或者多个文件中，包括结构化的属性数据。采用文件管理数据的优点是灵活，即每个软件厂商可以任意定义自己的文件格式，管理各种数据，这一点在存储需要加密的数据以及非结构化的、不定长的几何体坐标记录时是有帮助的。文件管理的缺点也是显而易见的，就是需要由开发者实现属性数据的更新、查询、检索等操作，换言之，利用文件管理增加了属性数据管理的开发量，并且也不利于数据共享。目前，许多 GIS 软件采用文本格式文件进行数据存储，其目的是为了实现数据的转入和转出，与其他应用系统交换数据。

（2）关系数据库管理

在这种管理方式中，不定长的空间几何体坐标数据以二进制数据块的形式被关系数据库管理，换言之，坐标数据被集成到 RDBMS（关系数据库管理系统）中，形成空间数据库。目前，关系数据库不论是理论还是工具都已经成熟，它们提供了一致的访问接口（SQL）以操作分布海量数据，并且支持多用户并发访问，以及安全性控制和一致性检查。这些正是构造企业级的地理信息系统所需要的，此外，通用的访问接口也便于实现数据共享。

采用全关系空间数据管理，由于几何体坐标数据不定长，会造成存储效率低下，此外，现有的 SQL 并不支持空间数据检索，需要软件厂商自行开发空间数据访问接口，如果要支持空间数据共享，则要对 SQL 进行扩展。

（3）文件结合关系数据库管理

这是目前大多数 GIS 软件所采用的数据管理方案。考虑到空间数据是非结构化的、不定长的，而且施加于空间数据的操作需要 GIS 软件实现，这样就可以利用文件存储空间数据，借助于已有的关系数据库管理系统管理属性数据。采用这种管理方式的有：

①空间数据：通过文件进行管理。

②时间数据：是结构化的，可以利用数据库进行管理。

③非空间属性数据：利用数据库进行管理。

④非结构化的描述数据：由于描述数据，不论是文本、图像，还是声音、录像，一般都对应于一个文件，这样可以简单地在关系数据库中记录其文件路径，其优点是关系数据库数据量小，缺点是文件路径常常会因为文件的删除、移动操作而变得不可靠。

由于空间几何体坐标数据和属性数据是分开存储管理的，需要定义它们之间的对应关系。通常的解决方案是在文件中，每个地物都有一个唯一标识码（地物 ID）。而在关系数据表结构中，也有一个标识码属性，这样，

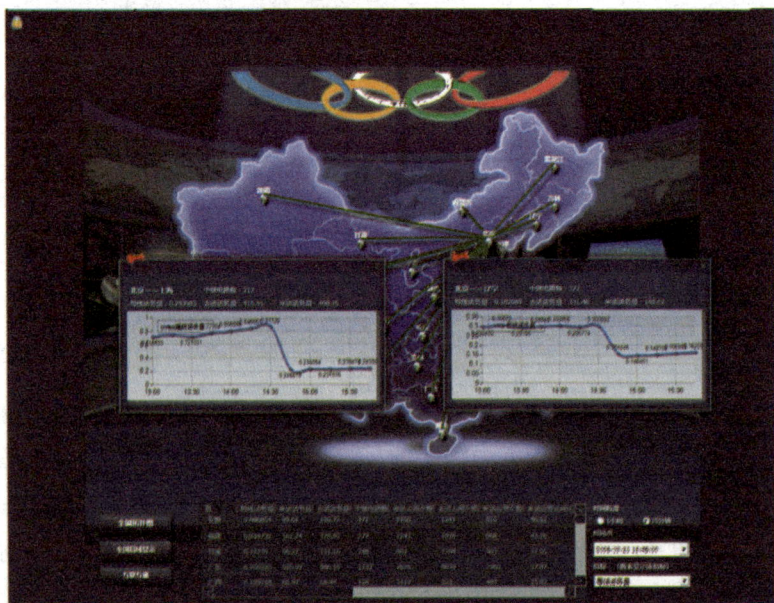

GIS 系统的信息处理副本

每条记录可以通过该标识码确定与对应地物的连接关系。采用该管理方式的缺点在于经常进行根据地物 ID 的查找（既包括从给定的地物查找其对应记录，又包括根据给定的记录检索相应的地物），使查询、模型运算等一些操作的速度变慢。

（4）面向对象数据库（OO—DBMS）管理

如果应用面向对象数据库管理 GIS 空间数据，则可以扩充对象数据库中的数据类型以支持空间数据，包括点、线、多边形等几何体，并且允许定义对于这些几何体的基本操作，包括计算距离、检测空间关系，甚至稍微复杂的运算，如缓冲区计算、叠加复合模型等，也可以由面向对象数据库管理系统"无缝"地支持。这样，通过面向对象数据库管理系统，提供了对于各种数据的一致的访问接口以及部分空间模型服务，不仅实现了数据共享，而且空间模型服务也可以共享。

交通地理信息系统

（1）交通地理信息系统的定义

交通地理信息系统简称 GIS-T，它是收集、存储、管理、综合分析和处理交通地理的空间信息和交通信息的信息系统。或者说，它是以与交通关联的各类空间数据和属性数据为基础，在计算机软硬件技术支持下，实现对道路地理信息和交通信息的收集、存储、检索、处理和综合分析，以满足用户需要的计算机系统。

也可以说，它是 GIS 技术在交通领域的延伸，在传统的 GIS 基础之上，加入了交通的几何空间网络概念及线的叠置和动态分段等技术，并配以专门的交通建模手段而组成的专门系统。

（2）交通地理信息系统的功能与特点

交通 GIS 结合了 GIS 和其他通信技术的优点，具有一定的感知能力与自适应能力（即智能性），记忆与逻辑思维能力（即分析性），表达和判断能力（即可视决策性），等等。除了 GIS 的一些基本功能，在交通规划、建设和管理方面它还具有以下一些独特的功能。

①基本功能

基本功能包括编辑、制图和图形量测等功能。编辑功能允许用户添加和删除点、线、面或改变它们的属性；制图功能可以灵活多样地制作和显示地图、分层和分类输出多种地图，并可放大和缩小地图；量测功能用于在图上量算某一线段长度和指定面积、体积等。另外，除基本常用地图操作功能外，还应具有一些办公自动化的功能。

②叠加功能

叠加功能主要是线性数据的叠加能力，分为合成叠加和统计叠加。合成叠加得到的新图层可显示原图层的全部特征，彼此交叉的特征区域仅显示共同特征；统计叠加的目的是统计一种要素在另一种要素中的分布特征。此外，以叠加功能为基础，还可进行缓冲区分析，能用于交通设施选址和线路规划设计等。

③动态分段功能

为了分析以线为基础的运输系统属性，交通 GIS 中引入了线性特征的动态分段功能。

与静态分段不同的是，动态分段功能是将交通网络中的连线按属性特征分段，分段是动态进行的，且与当前连线属性相对应，如果属性改变，

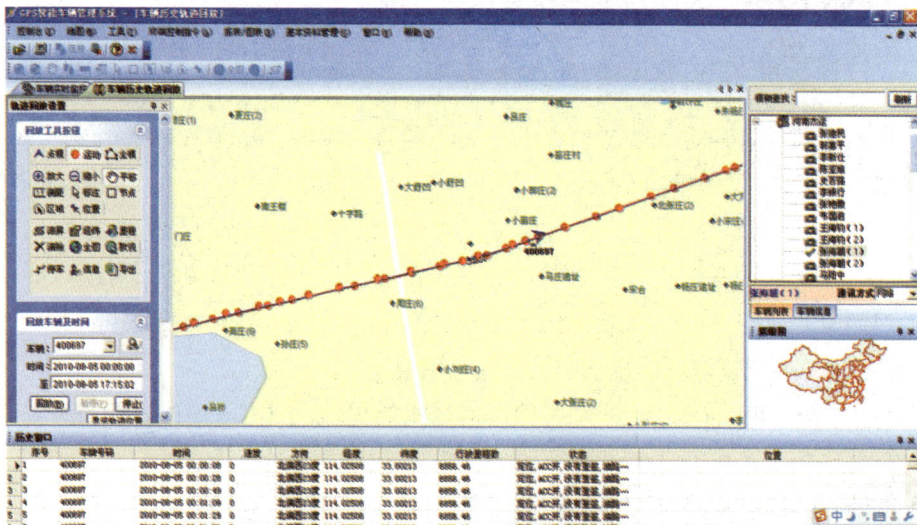

GIS 交通管理

则创建一组新的分段。如在路面管理中，将以路面类型来"自动分段"，使每个类型的路面含在同一个组中。如果需要按路面类型和车道数这两种属性进行分段，那么每类路面中车道数相同的又自动形成一组。

④地形分析功能

地形分析功能可建立地表模型和进行等高线计算。它主要是通过数字地形模型（DTM），以离散分布的点来模拟连续分布的地面高程，为道路设计创建三维地表模型，称为地面数字高程模型（DEM）。这在道路选线和施工设计中是十分必要的。

⑤栅格显示功能

栅格显示功能使得交通GIS可以包含图片和其他影像，并可将对应的属性数据进行叠加分析，以便更新图层。例如，通过添加桥梁、交叉路口以及修正线形等新特征，对原有道路图层进行更新；对带状（沿线一定宽度）或多边形（周围一定范围）图层进行叠加，可以标出沿线或周边土地用途和其他交通属性。

⑥网络分析功能

主要指路径优化分析，即最短路径分析（或者是最佳路径选择分析），此外，还有相邻和最近邻分析、网络负载分析、车辆路由选择分析、资源

实时路况的监测

分配分析等能力，这在运输需求分析中很有用处。与网络分析集成化的交通 GIS 具有该模型的功能，而无须与其他软件链接。当然，随着交通 GIS 功能的完善，将来与其他软件（如运输需求规划软件、道路设计软件等）链接也是必要的。

综上所述，空间分析是交通 GIS 的核心。网络分析、叠加分析、地形分析和缓冲区分析等功能，为交通 GIS 进行空间分析提供了强有力的工具和广阔的应用空间。随着系统多种功能的完善和发展，交通 GIS 将成为交通运输系统及相关部门日常工作不可或缺的工具、手段和工作平台，在交通现代化建设中发挥出越来越大的作用。

交通地理信息系统的应用

G1S-T 的应用主要有如下几个方面：

第一，道路电子地图在道路交通管理中的应用。

传统的静态地图将被动态的数字地图和电子地图所替代，实现数据可视化。它使交通主管部门对道路基础设施的管理变得直观、简单和轻松。如通过直接对地图实体进行查询，可以获得线路的空间位置和走向、技术标准、交通流量等多方位的信息。通过综合统计和分析各种交通数据以及采用丰富多样的图表显示，可以为决策提供科学快捷的支持。尤其是全球信息网的开通使地理信息媒体进入了多元化的时代，三维可视化技术的进步和虚拟现实技术的日益成熟并作为电子地图的辅助表达方法用于实际，将使道路电子地图有可能通过全球信息网实现基础道路信息的共享。

为适应 GIS-T 的应用，日本、韩国等国相继逐步建立数字道路地图。1988 年开始，日本道路地图协会确定建立 DRM 的基本目标：制定 DRM 数据库的标准；生产、更新和发布 DRM 数据库；开发详尽和精确的 DRM 并与动态交通信息联结，用于规划和管理、车辆定位和导航控制、灾害反应和医疗急救系统等。韩国将来自各专业、各种比例尺的地图作为数字道路地图的源图，如 1∶500、1∶1200、1∶2500 的地形图，1∶500、1∶1200 的航空摄影测量图、路网图、城市规划图、地下管线设施图。由于各专业

地图的管理对象不同，对本专业所管理的地图要素的要求也不同，导致各种地图内容的取舍、精度等都不相同。为此，韩国国家地理信息系统（NGIS）着手建立地图数据标准，包括 DRM 的位置精度、数据格式、编码、生产工艺等一系列标准，同时以 1：3000 的 DRM 为基础建立汉城都市道路交通信息系统，包含覆盖汉城及其邻近地区的道路网络，开发先进的管理系统，在 GIS 环境下鉴别实时交通状况和设施状态、控制交通信号等。

第二，GIS 在道路 CAD 中的应用。

GIS-T 为道路工程的计算机辅助设计 CAD 提供了强大的数字化地理平台，可作为道路 CAD 系统的基础信息源。交通部《公路、水运交通信息化"九五"规划和 2010 年发展纲要》也确定了 GIS 作为公路设计、运输管理和环境保护信息化的基本数据源。目前，三维 GIS 的研究和应用发展迅速，它支持真三维的矢量和栅格数据模型及以此为基础的三维空间数据库，解决三维空间操作和分析问题。基于此，CAD 有可能从现有的平面二维设计跨入三维设计，进入可视化设计时代，这将是道路 CAD 领域的突破性发展。并且，在规划和设计中可以利用 GIS 进行有效的道路环境影响评价，优选

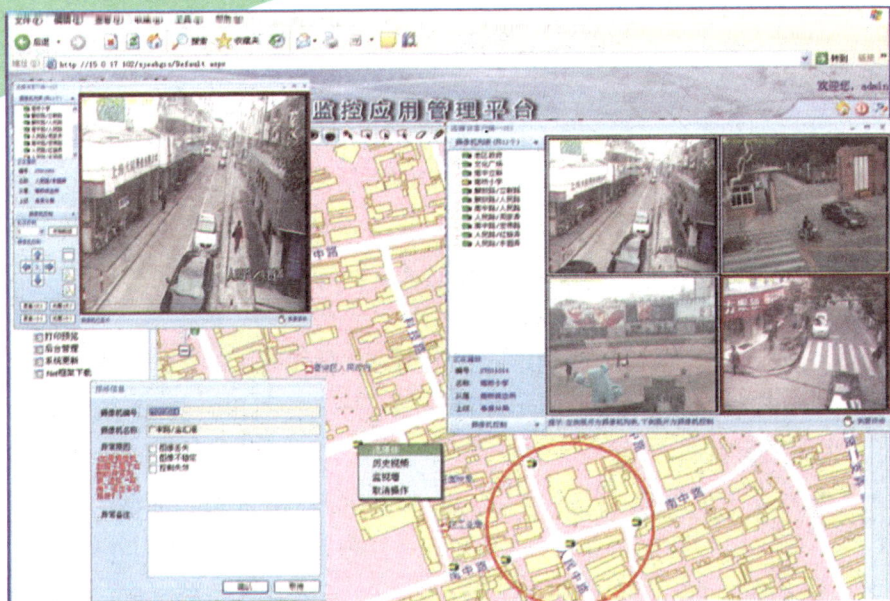

GIS 联网管理

对环境影响最小的路线设计方案。GIS-T 还与路面管理系统、桥梁管理系统等公路养护管理系统相关联，借助先进的路面和桥梁检测设备和数据搜集手段，使道路养护管理更加科学合理、经济高效。如加拿大的 Alberta 省建立了公路维护地理信息系统，该系统使用专用检测车辆，定期检测路面的平整度和损坏程度等；这些指标由车载全球定位仪（GPS）定位装置准确确定道路的位置，检测数据传输到公路养护地理信息系统，养护模块自动生成路段养护报告。

第三，GIS 在公交、机场等管理中的应用。

1994 年起，美国联邦公交管理局着手建立国家公交地理信息系统，目的在于应用 GIS 技术收集、利用、共享公共交通数据和信息，以利于全美各州运输部和公交工业信息的交换和使用。从地区来看，公交公司可方便地获得信息以更好地掌握资源并作出科学的规划决策。从国家水平来看，它代表了国家公共运输信息基础设施。FTA 确定了公交 GIS 的 4 个基本目标：

①提供全新的管理工具供 FTA 总部以及各州部门增强决策和分析能力；

②以高新技术为依托为公交规划人员提供数据和信息；

③开发公交数据库，满足各部门信息要求；

④建立基于 GIS 的国家公交路线系统作为国家基础地理设施的重要组成部分。

为此，FTA 确定了公交 GIS 的数据标准，包括公交 GIS 数据库框架，数据的集成，数据采集、存贮和交换中的质量控制标准和方法，数字地图产品的精度指标，定义了公交 GIS 中公交要素数据类型，如公交站点、公交路线、公交停车线、交通小区等，以及数据交换的规范。

第四，3S 集成在交通中的应用。

GPS、GIS、RS 三种新技术的有机集成，将实时、动态地实现数据的采集和管理，能够有效地应用在交通运输领域。美国和加拿大研究开发的集 CCD 摄像机、GPS、GIS 和惯性导航系统（INS）为一体的移动式城市 GIS 数据采集系统，用于快速、准确地采集城市道路信息。该系统将 GPS-INS、CCD 实时立体摄像系统和 GIS 在线装在汽车上，随着汽车的行驶，所有系统均在同一个时间脉冲下进行实时工作。由 GPS、INS 测定 CCD 摄像瞬间的像片外方位元素，据此和已摄得的数字影像，可实时地求出线路

GIS 系统的机场管理

上目标（如两旁建筑物、道路标志等）的空间坐标，并随时送入 GIS 中，而 GIS 中已经存储的道路网及数字地图信息，则可作为参照系统，这套系统可用于快速、准确地采集城市道路几何线形，并可发现道路上各种设施是否处于正常状态。

自动车辆定位与导航系统是将 GIS 数字地图数据库系统与 GPS 空间定位技术相结合，实现汽车的调度管理、自主导航，运用实时信息更有效地避免交通问题，通过赋予相关路线一个阻抗值来确定最佳行车路线。在 AVLN 系统中，数字地图数据库系统是其中的关键部分，它提供地图坐标、路网拓扑关系及其相关的辅助数据，即包括下列信息：

（1）路段的地理位置和方向；

（2）路段之间的连接关系；

（3）数字网络中与道路习惯的交通规则库（通行规则、单行道、限

制左转等）；

（4）道路路段名和与之相关的里程或标志建筑。

由此可以看出，数字地图数据库的质量与精度，以及信息的现势性，是 AVLN 系统的关键之一。

知识链接

纽约肯尼迪国际机场 GIS 系统

1992 年起，纽约肯尼迪国际机场建立了以 GIS 为基础的机场交通管理系统，是 GIS 在交通工程应用的一个成功范例。系统应用航空像片数字化输入机场的设施道路系统和全部标志标牌，并在屏幕上显示交通流的随机变化和飞机的升降及其周边地面上车流的三维图像，测定在限速、阻塞和交通信号等条件下的实际影响，交通工程师可以据此得出标志标牌与机场道路的最佳配置方案，并通过 GIS 系统的机场局部交通系统和全国的公路网络相联结。

第二节　交通导航系统 GPS

什么是 GPS

GPS 是由一系列卫星组成的，它们 24 小时提供高精度的世界范围的定位和导航信息。准确地说，它是由 24 颗沿距地球 12000 千米高度的轨道运行的 NAVSTAR GPS 卫星组成，不停地发送回精确的时间和它们的位

置。GPS 接收器同时收听 3 ~ 12 颗卫星的信号，从而判断地面上或接近地面的物体的位置，还有它们的移动速度和方向等。

GPS 是一种先进的导航技术，它由发射装置和接收装置构成，发射装置由若干颗位于地球卫星静止轨道、不同方位的导航卫星构成，不断向地球表面发射无线电波。GPS 接收器利用 GPS 卫星发送的信号确定卫星在太空中的位置，并根据无线电波传送的时间来计算它们间的距离。等计算出至少 3 ~ 4 个卫星的相对位置后，GPS 接收器就可以用三角学来算出自己的位置。每个 GPS 卫星都有 4 个高精度的原子钟，同时还有一个实时更新的数据库，记载着其他卫星的现在位置和运行轨迹。当 GPS 接收器确定了一个卫星的位置时，它可以下载其他所有卫星的位置信息，这有助于它更快地得到所需的其他卫星的信息。接收装置通常装在移动的目标（如车辆、船、飞机）上，接收装置接收不同方位的导航卫星的定位信号，就可以计算出它当前的经纬度坐标，然后将其坐标信息记录下来或发回监控中心。地面监控中心利用 GPS 技术可以实时监控车辆等移动目标的位置，根据道路交通状况向移动目标发出实时调度指令。

GPS 导航仪

GPS 系统是如何组成的

GPS 系统包括 3 大部分：空间部分——GPS 卫星星座；地面控制部分——地面监控系统；用户设备部分——GPS 信号接收机。

1.GPS 卫星星座

由 21 颗工作卫星和 3 颗在轨备用卫星组成 GPS 卫星星座，记作（21+3）GPS 星座。24 颗卫星均匀分布在 6 个轨道平面内，轨道倾角为 55°，各个轨道平面之间相距 60°，即轨道的升交点赤经各相差 60°。每个轨道平面内各颗卫星之间的升交角距相差 90°，一轨道平面上的卫星比西边相邻轨道平面上的相应卫星超前 30°，轨道平均高度约为 20200 千米。

在 2 万公里高空的 GPS 卫星，当地球对恒星来说自转一周时，它们绕地球运行 2 周，也就是绕地球一周的时间为 12 恒星时，即卫星运行周期为 11 小时 58 分钟。这样，对于地面观测者来说，每天将比前一天提前 4 分钟见到同一颗 GPS 卫星。位于地平线以上的卫星颗数随着时间和地点的不同而不同，最少可见到 4 颗，最多可见到 11 颗。在用 GPS 信号导航定位时，为了结算测站的三维坐标，必须观测 4 颗 GPS 卫星，称为定位星座。这 4 颗卫星在观测过程中的几何位置分布对定位精度有一定的影响。对于某地某时，甚至不能测得精确的点位坐标，这种时间段叫做"间隙段"。但这种时间间隙段是很短暂的，并不影响全球绝大多数地方的全天候、高精度、连续实时的导航定位测量。

每颗卫星装有 4 台高精度原子钟，这是卫星的核心设备。它将发射标准频率为 GPS 定位提供精确的时间标准。

GPS 卫星的基本功能是：

导航卫星示意图

（1）接收和储存来自地面监控站的导航信息，接受并执行监控站的控制指令；

（2）通过星载的高精度时钟提供精密的时间标准；

（3）卫星上设有微处理机，进行部分必要的数据处理工作；

（4）向用户发送导航与定位信息；

（5）在地面监控站的指令下，通过推进器调整卫星的姿态和启用备用卫星。

2. 地面监控系统

GPS 工作卫星的地面监控系统包括 1 个主控站、3 个注入站和 5 个监测站。

主控站设在加利福尼亚州科罗拉多的 Falcon 空军基地联合航天工作中心，主控站处理协调和管理所有地面监控系统的工作，还执行下列任务：

（1）根据本站和其他监测站的所有观测资料推算编制各卫星的星历、卫星钟差和大气层的修正参数等，并把这些数据传送到注入站；

（2）提供 GPS 系统的精密时钟基准，各监测站和 GPS 卫星的原子钟都应和主控站的原子钟同步或测出之间的钟差，并把这些钟差信息编入导航电文送到注入站；

地面卫星接收站

（3）调整偏离轨道的卫星，使之沿预定的轨道运行；

（4）启用备用卫星，以代替失效的工作卫星。

监测站是在主控站直接控制下的数据自动采集中心，站内设有双频GPS接收机、高精度原子钟、计算机和若干台环境数据传感器。接收机对GPS卫星进行连续观测，以采集数据和监测卫星的工作状况。原子钟提供时间标准，而环境传感器收集有关当地的气象数据。所有观测资料由计算机进行初步处理，并存储和传送到主控站，用以确定卫星的精密轨道。

地面注入站的主要设备包括1台直径为3.6米的天线、1台C波段发射机和1台计算机。其主要任务是在主控站的控制下，将主控站推算和编制的卫星星历、钟差、导航电文和其他控制指令等注入相应卫星的存储系统，并检测注入信息的正确性。地面注入站向卫星发送导航信息的上行频率为1750～1850兆赫；卫星发送遥测数据信息的下行频率是2200～2300兆赫。注入站发送的导航信息包括：时钟校正参量、大气校正参量、卫星的星历、距离及距离变化率等。

3.GPS信号接收机

GPS信号接收机的任务是：能够捕获到按一定卫星高度截止角所选择的待测卫星的信号，并跟踪这些卫星的运行，对所接收到的GPS信号进行变换、放大和处理，以便测量出GPS信号从卫星到接收机天线的传播时间，解译出GPS卫星所发送的导航电文，实时地计算出测站的三维位置，甚至三维速度和时间。

GPS卫星发送的导航定位信号，是一种可供无数用户共享的信息资源。对于陆地、海洋和空间的广大用户，只要用户拥有能够接收、跟踪、变换和测量GPS信号的接收设备，即GPS信号接收机。可以在任何时候用GPS信号进行导航定位测量。根据使用目的的不同，用户要求的GPS信号接收机也各有差异。目前世界上已有几十家工厂生产GPS接收机，产品也有几百种。

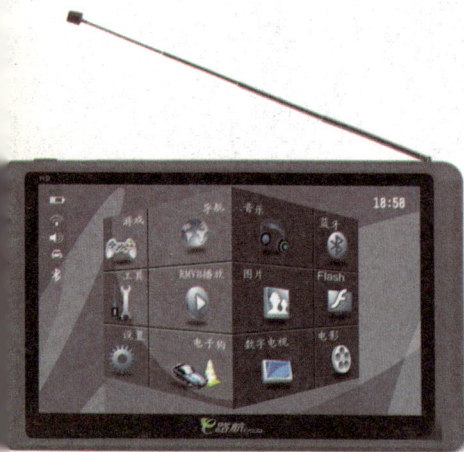

GPS 接收器

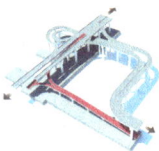

GPS 的信息传输

1.GPS 信息接收

GPS 系统的用户是隐蔽的，它是一种单向信息传输系统，用户只接收而不能发射信号，因此用户的数量也是不受限制的。GPS 卫星所传播的信号，包括载波信号、P 码、C–A 码和数据码（也称 D 码）等多种信号分量，其中，P 码和 C–A 码称为测距码。C–A 码精度较低，但码结构公开；P 码精度较高，但码结构不公开。GPS 的信号分量都是在同一个基本频率 f_0=10.23 兆赫的控制下产生的，取 L 波段的两种不同频率的电磁波为载波：f_1=154×f_0=1575.42 兆赫；f_2=120×f_0=1227.60 兆赫。

GPS 是多星共用 2 个频率来发送导航信号的系统，因此需要采用 CDMA 方式来区分各卫星的地址，以便用户设备按码分来选择接收卫星所发送的导航信号。为此，每个卫星分配一个 PN 码型。目前 GPS 采用的两类 PN 码（C–A 码和 P 码），均属于伪随机（PN）码。

GPS 接收机主要由 GPS 接收机天线、GPS 接收机主机及电源组成。接收机主机由变频器、信号通道、微处理器、存储器及显示器组成。

2. 变频及中频放大器

经过 GPS 前置放大器后的信号仍然很微弱，为了使接收机通道得到稳定的高增益，并且使 L 频段的射频信号变成低频信号，必须采用变频器。

3. 信号通道

信号通道是 GPS 接收机的核心部分，GPS 信号通道是软、硬件结合的电路，不同类型的接收机其通道是不同的。GPS 信号通道的作用可概括如下：

（1）搜索卫星，牵引并跟踪卫星；

（2）对基准信号，即广播电文数据信号实行解扩、解调得到广播电文；

（3）进行伪码测量、载波相位测量及多普勒频移测量。

从卫星接收到的信号是扩频的调制信号，要经过解扩、解调才能得到导航电文。为达到此目的，在信号通道电路中设有伪码跟踪环和载波相位跟踪环。

4. 存储器

接收机内设有存储器以存储 1 小时 1 次的卫星星历、接收机采集到的码相位伪距观察值、载波相位观察值及多普勒频移。目前，GPS 接收机都装有半导体存储器（简称内存），如，美国天宝（Trimble）导航公司生产的 Trimble 4000 SSE 带有 8 兆内存，以 15 秒为周期的数据采样率可以存储 5 颗卫星、双频观测 19 小时的数据，若以 1 秒为周期进行数据事样则可以存储 2 小时的数据。接收机内存储的数据可以通过数据接口传到微机上，以便进行数据处理和数据保存。在存储器内还装有多种工作软件，如自测试软件、天空卫星预报软件、导航电文解码软件、GPS 单点定位软件等。

GPS 信号模拟器

5. 微处理器

微处理器是 GPS 接收机工作的灵魂，接收机工作都是在微处理器统一协同下进行的。其主要工作步骤为：

（1）接收机开机后首先对整个接收机工作状况进行自检，并测定、校正、存储各通道的时延值；

（2）接收机对卫星进行搜索、捕捉。当捕捉到卫星后，即对信号进行牵引和跟踪，并由基准信号译码得到 GPS 卫星星历。当同时锁定 4 颗卫星时，将 C-A 码伪距观测值连同星历一起计算测站的三维坐标，并按预制位置更新率计算新的位置；

（3）据机内存储的卫星星历书（若是新的接收机，机内无历书，或内存中历书已超过 3 个月则需要更新历书，这时需要接收 12.5 分钟的卫星信号）和测站近似位置，计算所有在轨卫星升降时间、方位和高度角；

（4）据预先设置的航路点坐标和单点定位测站位置计算导航的参数、航偏距、航偏角、航行速度等；

（5）接收用户输入信号，如测站名、作业员名称、天线高、气象参数等。

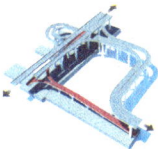

6.显示器

GPS 接收机都有液晶显示屏以提供 GPS 接收机工作信息，并配有一个控制键盘。用户可通过键盘控制接收机工作。对于导航接收机，有的还配有大显示屏，在屏幕上直接显示导航的信息或数字地图。

GPS 接收机对收到的卫星信号进行解码或采用其他技术将调制在载波上的信息去掉后，就可以恢复载波。严格地说，载波相位应被称为载波拍频相位，它收到的是受多普勒频移影响的卫星信号载波相位与接收机本机振荡产生信号相位之差。一般在接收机钟确定的历元时刻量测，保持对卫星信号的跟踪，就可记录下相位的变化值，但开始观测时的接收机和卫星振荡器的相位初值是不知道的，起始历元的相位整数也是不知道的，即整周模糊度，只能在数据处理中作为参数解算。相位观测值的精度高至毫米，但前提是解出整周模糊度，因此只有在相对定位、并有一段连续观测值时才能使用相位观测值，而要达到优于米级的定位精度也只能采用相位观测值。

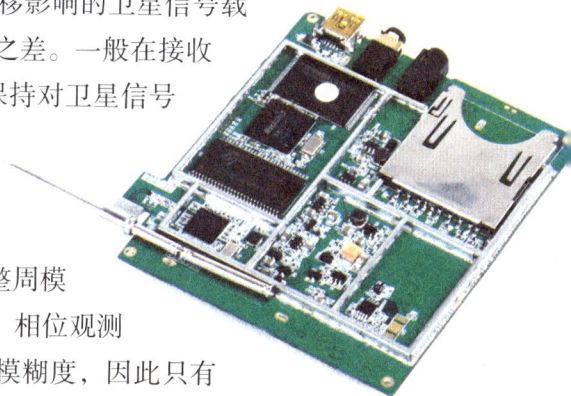

GPS 处理器

GPS 在交通领域的应用

1.GPS 在车辆导航监控方面的应用

（1）车辆监控和调度

传统的车辆监控、调度系统一般采用对讲机之间的通话来实现，但这种方式在车辆超过 10 辆以后，调度人员就难以应付了。为此，建立以指挥中心为基地，全面、实时、动态地掌握和调度系统内的车辆成为急需解决的一个问题。

因此，各国正在研究利用 GPS 组合导航技术来进行车辆监控和调度。利用 GPS 进行车辆监控、调度的好处在于，可以充分地利用计算机进行自

GPS 车辆监测

动化、智能化的监控管理，大大地减少人为的差错及管理人员的工作量。并且，随着计算机和通信技术的发展，管理系统可以同时对大量车辆进行监控和调度，这使得实现大区域或全国联网的车辆定位系统成为可能；并可以建立城市内的车辆实时管理系统，使得城市交通管理控制水平迈入自动化、智能化阶段。

（2）智能车路管理

基于上述的车辆监控、调度系统，配合 GPS 在导航上的应用技术，可以建成智能车路系统。在市区，该系统可以实现路径诱导功能，提供实时道路交通信息，并配合预设的计算程序，可以确定到达目的地的最优路径。另外，配合 GPS 提供的车辆到达信息，可以进行信号交叉口感应控制。在高速公路上，智能车路系统可以实现车辆自动驾驶的功能。该功能不仅可以提高高速公路的安全保障，还可以大大缩小高速公路上车辆间的车头时距，这将改变现有的车辆跟车模型，有助于提高高速公路的通行能力。

2.GPS 在交通规划领域中的应用

GPS 在交通规划中的应用目前还不是很多，但是随着 GPS 技术的成熟和 GPS 用户接收机的日益普及，GPS 在交通规划领域的应用正在酝酿着一场重大突破。

（1）在交通数据采集管理中的应用

由前面的叙述可以看出，监控系统可以实时监测每一辆车辆在任意时刻的位置及保存行驶轨迹。如果将来每辆车都必须配置 GPS（这种强制性要求有助于车管部门对全市车辆进行监控管理，尤其对交通拥挤的特大城市），车管部门的管理系统将可以统计每小时、每一天或者每年的任意路段上的交通流量，而这些精确的流量数据将是交通管理和规划必需的基础。英国的交通管理部门甚至还希望在此系统上实现收费功能，由记录的车辆行驶路线和距离计算该车该年度应缴纳的道路使用费。

（2）与地理信息系统 GIS 结合

目前正在发展中的以 GPS 定位为主体的地理信息系统（GIS）将大有前途。地理信息系统与 GPS 系统的结合，可以建立综合交通规划空间信息管理分析系统，不仅极大地增强了交通网络处理的直观性、可操作性，而且能提高交通规划的工作效率。

（3）基于 GPS 技术的交通规划理论变革的探讨

以土地利用和出行吸引模型为基础的交通规划目前仍有其不可替代的优点，但

全功能智能 GPR 监控地位终端

是其前期准备工作的复杂与花费巨大及其在精度上的不准确性和不确定性，导致了规划结果往往不尽如人意。由于 GPS 系统可以全时、全天候、精密、适时、近乎连续的对交通流进行交通观测与统计，而这个过程几乎是完全自动化，节省了大量人力，所得出的连续精密的结果是交通规划极为重要的基础数据。GPS 监控数据与 GIS 系统的结合，可以描述每小时每条道路上的交通量。如果能够取得连续若干天的路网流量数据，结合相应的预测模型，比如神经网络模型，就可以预测隔日的任意小时的路网交通流量和负荷度，这种短期交通预测有助于管理部门在交通拥挤发生前及时采取措施。如果能够获得连续数年的精确交通流量资料，配合城市的土地利用规划和城市经济发展，甚至可以做长期的流量预测。

为什么电子地图擅长指路

在日常生活中，问路是我们每个人都会碰到的麻烦事。有时要走很多冤枉路才能到达目的地。有了电子地图，这个问题就迎刃而解了。坐在电脑旁，打开电子地图，输入寻找目标，启动搜索，目的地的具体地点就显示在电脑上，再输入自己所处的位置，电脑上就会显示出几条可供选择的路线来，这样就可以出发了。电子地图除具备纸地图的所有功能外，又不同于常规地图。在电子地图中，几十万个单位、数千个公交车站和所有的小区、街道等均可实现快速查询和定位，而且提供了医疗卫生、邮政电信、旅游娱乐、公司商店等多幅专业地图。

随着地理信息系统（GIS）、全球定位系统（GPS）的日益完善，电子地图的内涵也在发生着变化，电子地图越来越向分析型发展。交通导航用的电子地图已在国外得到长足的发展，在我国也具有极大的发展前景。

第三节　综合技术应用

PLC 技术及应用

可编程控制器（PLC）是以微处理器为基础，综合了计算机技术、自动控制技术和通信技术发展而来的一种新型工业控制装置。它具有结构简

单、编程方便、可靠性高等优点，已广泛用于工业过程和位置的自动控制中。据统计，可编程控制器是工业自动化装置中应用最多的一种设备。可编程控制器将成为今后工业控制的主要手段和重要的基础设备之一，PLC、机器人、CAD/CAM 将成为工业生产的三大支柱。

PLC 是在继电器控制逻辑基础上，与 3C 技术相结合，不断发展完善的。目前已从小规模单机顺序控制，发展到包括过程控制、位置控制等场合的所有控制领域。PLC 早期主要应用于工业控制，但随着技术的发展，其应用领域正在不断扩大。

1.PLC 型交通灯控制器

将 PLC 用于对交通信号灯的控制，主要是考虑其具有对使用环境适应性强的特性，同时其内部定时器资源十分丰富，可对目前普遍使用的"渐进式"信号灯进行精确控制，特别对多岔路口的控制可方便的实现。目前大多品牌的 PLC 内部均配有实时时钟，通过编程控制可对信号灯实施全天候无人化管理。由于它本身具有通信联网功能，将同一条道路上的信号灯组成一局域网进行统一调度管理，可缩短车辆通行等候时间，实现科学化管理。

自动化 PLC 控制系统

2.PLC 型车道控制机

每个公路收费站，其车道机电设备配置、型号各有不同，因此用于控制这些设备的主机——车道控制器的结构也不尽相同，通用性、可维护性较差，不利于使用及维修。以 PLC 作为主机开发出的新型车道控制机，不仅可使其通用性、维护性得到最大限度上的改善，还可以在使用寿命、稳定性等方面获得极大提高。

①棚灯及雾灯的控制。PLC 本身具有时钟功能，通过软件编程，可对棚灯、雾灯进行无人化智能控制。

②对费额显示器的控制。PLC本身具有上位机接口，可接收上位收费计算机下传的数据，而PLC又具有各种译码指令，可将接收的数据转换成七段显示码，输出给LED数码管进行数据显示。

将PLC用于对挡车器进行控制具有以下几方面的优势：

①使用寿命长。从目前反馈情况看，目前挡车器控制电路的使用寿命大部分均不足5年，这与其电路设计、元器件选型、工作环境及控制方式等因素有关，是其本身无法克服的固有缺点。PLC作为工业控制单元，应用于各种控制环境，内部电路、机械结构设计极为精良，所用器件均选用标准工业级产品，其使用寿命一般可保证在10年以上。

②性能稳定可靠，抗干扰性好。PLC应用于各种工业控制现场，其硬件及软件设计均考虑到各种生产环境，其电压适用范围很宽，具有极强的抗电磁干扰、抗震动、抗高温、高湿等特性，性能极为稳定、可靠。

③功能强大，实现灵活，可扩展性好。此型挡车器作为老型号挡车器的升级产品，其功能得到极大增强，目前可实现的功能有自动抬杆、自动落杆、防砸车、防砸人、各种情况的自动报警、设备保护及故障识别等。以上功能可实现各种组合，并可根据实际需要改变上述功能的控制过程及方式，还可根据使用者要求在不增加或少增加硬件的基础上开发新的控制功能。

④良好的性价比。虽然PLC型挡车器的性能及功能较现有挡车器有极大提高，但其成本的增加与其性能的提高并非成线性关系，所以无论将其作为整机用于新品开发，还是作为老设备改进，均有其良好的性价比。

PLC 控制柜

　　PLC 作为一门控制技术在我国已有近 20 年的应用，并已从工业控制逐渐向其他行业扩展，相信随着其本身性能的不断提高，其应用领域将不断拓宽，了解及掌握这一控制技术，将使我国的自动化控制技术得到更广泛的应用与发展。

实时动态测量系统

　　实时动态测量系统是 GPS 测量技术与数据传输技术相结合而构成的组合系统。RTK 测量技术是以载波相位测量为根据的实时差分 GPS 测量技术。采用这种技术，可显著提高移动测量的精度，并且为 GPS 测量工作的可靠性和高效率提供了保障，当然，这种技术也有其缺点，即明显地增加了用户的设备投资。

　　该系统测量的基本思想是：在基准站上安置一台 GPS 接收机，对所有可见 GPS 卫星进行连续地观测，并将其观测数据通过无线电传输设备，实时发送给用户观测站。在用户站上，GPS 接收机在接收 GPS 卫星信号的同时，通过无线电接收设备接收基准站传输的观测数据，然后根据相对定位的原理，实时计算并显示用户站的三维坐标及其精度。

　　这样，通过实时计算的定位结果，便可监测基准站与用户站观测成果的质量和解算结果的收敛情况，从而可实时地判定解算结果是否成功，以减少冗余观测，缩短观测时间。

　　RTK 测量系统的构成主要包括 GPS 接收设备、数据传输系统和软件系统。

1.GPS 接收设备

　　系统中至少包括 2 台接收机，分别安置在基准站与用户站上，基准站设在测区内地势较高、视野开阔且坐标已知的点上。作业期间，基准站的接收机应连续跟踪全部可见 GPS 卫星，并将观测数据通过数据传输系统实时地发给用户站。当基站为多用户服务时，应采用双频 GPS 接收机，且采样频率应与用户站接收机采样率最高的相一致。

2. 数据传输系统（数据链）

它由基准站的发射台与用户站的接收台组成，是实现实时动态测量的关键设备。数据传输设备要充分保证传输数据的可靠性，其频率和功率的选择主要决定于用户站与基准站间的距离、环境质量及数据的传输速度。

RTK 测量系统

3. 实时动态测量的软件系统

在该系统中，软件的质量与功能对于保障实时动态测量的可行性、测量结果的精确性与可靠性具有决定意义。以测相伪距为观测量的实时动态测量，其主要问题仍在于：载波相位初始整周未知数的精密确定，流动测量中对卫星的连续跟踪，以及失锁后的重新初始化问题。目前，由于快速解算和动态解算整周未知数技术的发展，为实时动态测量的实施奠定了基础。

实时动态测量的软件系统应具有的基本功能是：快速解算或动态快速解算整周未知数；根据相对定位原理，实时解算用户站所在的 WGS–84 中的三维坐标；根据已知转换参数，进行坐标系的转换；解算结果质量的分析与评价与转换；作业模式的选择与绘图。

模式识别技术

广义地说，存在于时间和空间中可观察的事物，如果可以区别它们是否相同或相似，都可以称之为模式；狭义地说，模式是通过对具体的个别事物进行观测所得到的具有时间和空间分布的信息。把模式所属的类别或同一类中模式的总体称为模式类（或简称为类）。模式识别则是在某些一定量度或观测基础上把待识模式划分到各自的模式类中去。计算机模式识别就是指利用计算机等装置对物体、图像、图形、语音、字形等信息进行自动识别。

模式识别的研究主要集中在两方面：一是研究生物体（包括人）是如何感知对象的；二是在给定的任务下，如何用计算机实现模式识别的理论和方法。前者是生理学家、心理学家、生物学家、神经生理学家的研究内容，属于认知科学的范畴；后者通过数学家、信息学专家和计算机科学工作者近几十年来的努力，已经取得了系统的研究成果。

1. 模式识别的方法

现在有两种基本的模式识别方法，即统计模式识别方法和结构（句法）模式识别方法。统计模式识别是对模式的统计分类方法，即结合统计概率论的贝叶斯决策系统进行模式识别的技术，又称为决策理论识别方法。利用模式与子模式分层结构的树状信息所完成的模式识别工作，就是结构模式识别或句法模式识别。

模式识别技术实验室

BP神经网络应用

模式识别是把一种研究对象，根据其某些特征进行识别并分类。具体地说，就是从不同相关的细节背景中，抽取数据的有意义的特征或属性，根据这些特征或属性对数据进行分类。有两种基本的模式识别方法，即统计模式识别方法和结构（句法）模式识别方法。模式识别系统由两个过程组成，即设计和实现。设计是指用一定数量的样本（叫做训练集或学习集）进行分类器的设计，实现是指用所设计的分类器对待识别的样本进行分类决策。

模式识别所要处理和解决的问题是一个复杂的难以用语言准确完整表达的问题，因此模式识别系统必须具备自学习、自组织、自适应的柔性处理能力。神经网络具备这种能力，有资格作为模式识别的基础模型。事实上，传统的一些分类算法、特征提取算法与神经网络是一脉相承的，基于感知器准则函数和平方误差准则函数的线性分类器学习算法可作为单层前向神经网络的学习算法。

BP神经网络就是一种分段线性分类器，高阶神经网络是一种广义的线性分类器，将模糊理论引入模式识别，有利于提高模式识别系统的柔性处理能力。尤其是模糊理论与神经网络的结合，可能是模式识别的重要发展方向之一，目前国内外已开展了广泛的研究。

不论是以哪种模式识别方法为基础的模式识别系统，基本上都是由两个过程组成的，即设计与实现。设计是指用一定数量的样本（叫做训练集或学习集）进行分类器的设计；实现是指用所设计的分类器对待识别的样本进行分类决策。

2. 模式识别的应用

经过多年的研究和发展，模式识别技术已广泛被应用于人工智能、计算机工程、机器学、神经生物学、医学、侦探学以及高能物理、考古学、

地质勘探、宇航科学和武器技术等许多重要领域，如语音识别、语音翻译、人脸识别、指纹识别、手写体字符的识别、工业故障检测、精确制导等。模式识别技术的快速发展和应用大大促进了国民经济建设和国防科技现代化建设。下面列举一些模式识别的应用领域。

（1）字符识别

字符识别处理的信息可分为两大类：一类是文字信息，处理的主要是用各国家、各民族的文字（如：汉字、英文等）书写或印刷的文本信息，目前在印刷体和联机手写方面的技术已趋向成熟，并推出了很多应用系统；另一类是数据信息，主要是由阿拉伯数字及少量特殊符号组成的各种编号和统计数据，如邮政编码、统计报表、财务报表、银行票据等，处理这类信息的核心技术是手写数字识别。

汉字是历史悠久的中华民族文化的重要结晶，闪烁着中国人民智慧的光芒。汉字数量众多，仅清朝编纂的《康熙字典》就包含了49000多个汉字，其数量之大、构思之精，为世界文明史所仅有。由于汉字为非字母化、非拼音化的文字，所以在信息技术及计算机技术日益普及的今天，如何将汉字方便、快速地输入到计算机中已成为关系到计算机技术能否在我国真正普及的关键问题。目前，汉字输入主要分为人工键盘输入和机器自动识别输入两种。其中人工键入速度慢而且劳动强度大；自动输入又分为汉字识别输入及语音识别输入。从识别技术的难度来说，手写体识别的难度高于印刷体识别，而在手写体识别中，脱机手写体的难度又远远超过了连机手写体识别。到目前为止，除脱机手写体数字的识别已有实际应用外，汉字等文字的脱机手写体识别还处在实验阶段。

车牌识别属于字符识别。我国机动车使用的牌照主要是根据公安部1992年颁布的《中华人民共和国机动车号牌》标准（GA36-92）制作的。此外，部队、武警等部门的汽车牌照也有自己的标准，但是无论哪种汽车牌照都由下列基本元素组成：

语音识别器芯片

①汉字（牌照中包括的汉字大约 60 个）；

②英文字母（A—Z）；

③数字（0—9）；

④颜色（蓝、黄、白、黑）。

（2）语音识别

语音识别技术所涉及的领域包括：信号处理、模式识别、概率论和信息论、发声机理和听觉机理、人工智能等。近年来，在生物识别技术领域中，声纹识别技术以其独特的方便性、经济性和准确性等优势受到世人瞩目，并日益成为人们日常生活和工作中重要且普及的安全验证方式。而且利用基因算法训练连续隐马尔柯夫模型的语音识别方法现已成为语音识别的主流技术。该方法在语音识别时识别速度较快，也有较高的识别率。

汽车牌照识别技术

汽车牌照识别技术是一个以特定目标为对象的专用计算机视觉系统。该系统能从一幅图像中自动提取车牌图像，自动分割字符，进而对字符进行识别，它运用模式识别人工智能技术，对采集到的汽车图像进行分析，能够实时准确地自动识别出车牌的数字、字母及汉字字符，并以计算机可直接运行的数据形式给出识别结果，使得车辆的电脑化监控和管理成为现实。

汽车牌照识别器

采用计算机视觉技术识别车牌的流程通常都包括车辆图像采集、车牌定位、字符分割、光学字符识别、输出识别结果 5 个步骤。车辆图像的采集方式决定车牌识别的技术路线。目前国际 ITS 通行的两条主流技术路线是自然光和红外光图像采

集识别。自然光和红外光不会对人体产生不良的心理影响，也不会对环境产生新的电子污染，属于绿色环保技术。

自然光路线是指白天利用自然光线，夜间采用辅助照明光源，用彩色摄像机采集车辆的真彩色图像，用彩色图像分析处理方法识别车牌。自然光真彩色识别技术路线，与人眼感光习惯一致，并且，真彩色图像能够反映车辆及其周围环境真实的图像信息，不仅可以用来识别车牌照，而且可以用来识别车牌照颜色、车流量、车型、车颜色等车辆特征。用一个摄像机采集的图像，同时实现所有前端基本视频信息采集、识别和人工辅助图像取证判别，可以前瞻性地为未来的智能交通系统工程预留接口。

红外光路线是指利用车牌反光和红外光的光学特性，用红外摄像机采集车辆灰度图像，由于红外特性，车辆图像上几乎只能看见车牌，然后用黑白图像处理方法识别车牌。950纳米的红外照明装置可抓拍到很好的反光车牌照图像。因红外光是不可见光，它不会对驾驶员产生视觉影响。另外，红外照明装置提供的是不变的光，所抓拍的图像都是一样的，不论是在一天中最明亮的时候，还是在一天中最暗的时候。唯一的例外是在白天，有时会看到一些牌照周围的细节，这是因为天气晴朗时太阳光的红外光波的影响。采用红外灯的缺点就是所捕获的车牌照图像不是彩色的，不能获取整车图像，并且严重依赖车牌反光材料。

一个车牌识别系统的基本硬件配置是由摄像机、主控机、采集卡、照明装置组成。而软件是由一个具有车牌识别功能的图像分析和处理软件，以及一个满足具体应用需求的后台管理软件组成。

车牌识别系统有两种触发方式：一种是外设触发，另一种是视频触发。外设触发工作方式是指采用线圈、红外或其他检测器检测车辆通过信号。车牌识别系统接收到车辆触发信号后，采集车辆图像，自动识别车牌，进行后续处理。视频触发方式是指车牌识别系统采用动态运动目标序列图像分析处理技术，实时检测车道上车辆移动状况，发现车辆通过时捕捉车

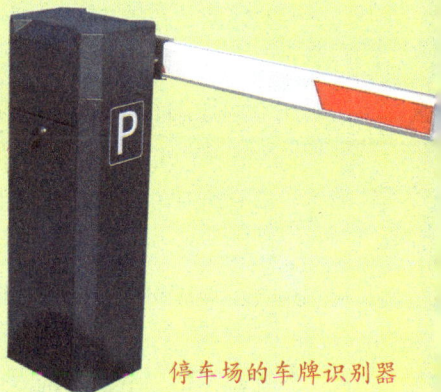

停车场的车牌识别器

辆图像，识别车牌照，并进行后续处理。视频触发方式不需借助线圈、红外或其他硬件车辆检测器。

车牌识别系统有两种产品形式：一种是软硬件一体，或者用硬件实现识别功能模块，形成一个全硬件的车牌识别器；另外一种形式是开放式的软、硬件体系，即硬件采用标准工业产品，软件作为嵌入式软件。两种产品形式各有优缺点。开放式体系的优点是由于硬件采用标准工业产品，运行维护容易掌握，备品备件采购可以从任何一家产商获得，不用担心因为一家产商倒闭或供货不足而出现产品永久失效或采购困难。目前国内外汽车牌自动识别技术主要采用软件方式及软硬件结合方式两种技术方案。

软件方式就是通过识别软件对普通的车辆图像进行牌照识别，它的最大特点就是成本低、通用性好。软硬件结合方式就是首先通过专用的图像抓拍设备获取一幅适合于计算机识别汽车牌照的高质量图像，然后用软件、硬件结合的方式对所获取的专用图像进行牌照识别，它的特点是识别率高，能够全天候工作。其中包括以下核心技术：

（1）车牌定位技术

采用独特的车牌定位算法，在各种不同的光照背景下均能很好地定位出车牌（车牌定位正确率 >99%），大大增强了系统的适应性，为进行车牌图像匹配奠定了良好的基础。

（2）光学字符识别技术（OCR）

采用识别车牌字符的 OCR 技术，以通用 OCR 算法为基础，并针对车牌字符特征进行了优化，具有很高的性能（车牌字符识别率 >98%）。

（3）车牌图像匹配技术

把图像匹配技术应用于智能交通领域。运用专用的图像匹配算法，具有准确的匹配性能和极快的匹配速度（车牌匹配正确率 >98%）。

高速路收费站

车牌识别系统应用的领域主要有：

（1）高速公路收费管理系统在收费入口、出口分别完成车牌号码识

别和车牌匹配工作，当车辆经过出口时，系统识别车牌并调出车辆的入口资料，自动计算出应缴纳的金额，起到了防止内部人员作弊的作用。此项功能针对纳入"黑名单"的车辆，如冲关后或肇事后逃逸的车辆、被公安部门通缉或挂失的车辆、欠缴费的车辆等。只要将其车牌资料输入系统中，系统就会处于自动检测状态，24小时不停地对所有经过车辆自动进行识别、比较、处理，一旦发现上述车辆经过，立刻给出控制信号驱动报警装置和拦截装置，进入报警拦截状态，也可向110控制中心传送报警信号，达到车辆自动稽查的目的。通常用于交通监控卡口、路桥收费卡口、停车场入口等。除了作为社会治安的一个环节为社会服务外，还可直接为企业服务，产生经济效益。

车辆的自动放行，如特种车辆（军车、警车）、预缴费车辆（如已办理月、年缴费卡的车辆）以及其他授权免费通行的车辆，系统处于自动检测状态的过程与上述情况相同。所不同的是，一旦发现该类车辆经过，给出的控制信号不是驱动拦截装置，而是驱动放行装置，此时系统会自动开启道闸，达到车辆不停车过卡和减少工作人员劳动强度、强化内部管理的目的。通常用于路桥收费卡口专用车道、停车场的收费口以及大型单位出入口。其作用是可以解决车流高峰期的堵塞问题和减少运作费用，维护业主利益。

（2）高速公路超速自动化监管系统的应用，以车牌识别技术为核心技术，辅助其他高科技手段，建立高速公路超速无人值守的自动监测、自动布控系统是解决高速公路上因超速造成交通事故的有效手段。

（3）公路布控采用车牌识别技术，实现对重点车辆的自动识别、快速报警处理，不仅可以有效防止机动车辆被盗，而且为公安、监察机关对犯罪嫌疑人所驾驶的车辆自动监控、跟踪提供了高科技手段。

现在的高速路都有了智能化监控系统

（4）能对已保存的图像文件进行集中识别处理，大大减小劳动强度，大幅度提高了处理速度和效率。这一功能通常用于电了警察系统、道路监控系统。

（5）防套牌，车辆自动跟踪。利用车辆信息网上的实时信息，以同一车牌出现时的方位、距离、时间等参数，快速计算处理，自动查出该车牌是否属于套牌车。同样也可利用网上信息查询指定车辆的行踪。

（6）自动扣费，电子钱包缴费全国通用。自动扣款收费，一方面能实现不停车收费，解决卡口车流瓶颈问题；另一方面又能杜绝人与现金的接触，解决与现金有关的种种问题。该系统与其他相关的系统的有机结合可方便应用于各类封闭式和开放式路桥卡口自动收费系统，根据联网规模的不同，适用于IC卡、金路卡、虚拟储值卡以及金融卡等各种自动扣费方式，可从路段扩展到区域、地区、跨地区以至全国路网。

知识链接

指纹识别的广泛应用

人的手掌及其手指、脚、脚趾内侧表面的皮肤凹凸不平，产生的纹路会形成各种各样的图案。而这些皮肤的纹路在图案、断点和交叉点上各不相同，是唯一的。依靠这种唯一性，就可以将一个人同他的指纹对应起来，通过对他的指纹和预先保存的指纹进行比较，便可以验证他的真实身份。一般人的指纹有5个大的类别：左旋型、右旋型、双旋型、螺旋型、弓型和帐型。这样就可以将每个人的指纹分别归类，进行检索。指纹实现的方法有很多，大致可以分为4类：基于神经网络的方法、基于奇异点的方法、语法分析的方法和其他方法。在指纹识别的应用中，一对一的指纹鉴别已经获得较大的成功，但一对多的指纹识别，还存在着比对时间较长、正确率不高的特点。为了加快指纹识别的速度，无论是对简化图像的预处理，还是对算法的改进都刻不容缓。指纹识别技术现已应用到驾驶员考试管理系统中。

第三章　交通信息服务系统

　　20世纪80年代以来，在欧、美、日等工业发达国家和地区为寻求缓解公路交通堵塞对策的研究中，出现了以个体出行者为服务对象的综合交通信息系统，通过出行者与交通信息中心的双向信息传递，从而建议或约束出行者的出行行为，达到减少延误、缓解交通拥挤的作用，这种系统通常称为出行者信息系统。

第一节　交通信息服务系统

什么是交通信息服务系统

随着信息技术的不断进步和交通运输在社会经济中地位的不断提升，以实现出行和交通管理的信息化、智能化为目标的交通信息服务系统已成为现代化交通系统和 ITS 研究领域中不可缺少的重要组成部分。

目前，交通信息服务系统已经成为世界规模的 ITS 热点研究课题，也是 ITS 得到广泛应用的领域，其开发与应用正以欧美、日本为中心迅速展开。世界上进行 ITS 研究开发的国家和地区所展示的 ITS 示范项目和研究内容中几乎都涉及各种有针对性的交通信息服务系统。

先进的交通信息服务系统应该覆盖多种运输方式，综合运用多种高新技术，满足驾乘人员、出行者、公众和交管部门对交通信息的各种需求，使交通参与者的交通行为更具有科学性、计划性、合理性，保障出行的机动性、方便性和安全性，最终提高整个交通运输系统的社会效益和经济效益。

美国、日本、欧洲等发达国家的 ITS 体系框架中，定义了先进的出行者信息系统。很多国家，包括我国第一版的 ITS 体系框架中也引用该名称，有一些资料和地方将该部分内容意译为先进的交通信息系统。

国内外很多专家学者认为，出行者信息系统不能有效地涵盖交通信息

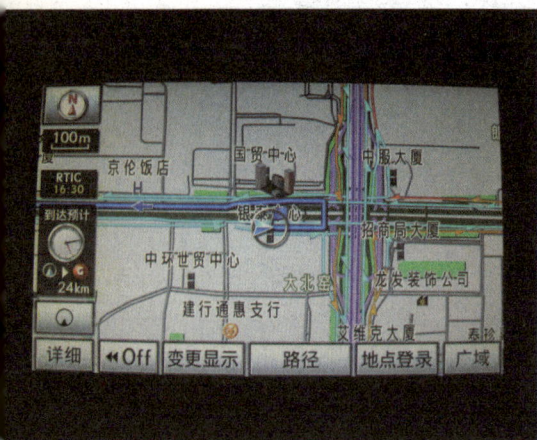

智能化交通系统终端

服务的内容，而交通信息系统外延又太广，与体系框架中的其他部分重复过多。目前，大多数人将该部分内容意译为先进的交通信息服务系统。

先进的交通信息服务系统，可以简单地定义为"由信息终端、交通信息中心、广域通信网络等组成的以个体出行者为主要服务对象，按照其需求提供出行信息，通过提供优化行进线路的方式，以缩短出行时间或减少费用为目的的信息服务系统"。

先进的交通信息服务系统，较为详细的定义为：是智能运输系统的重要组成部分，系统综合运用多种高新技术，通过无线、有线通信手段以文字、语音、图形、视频等多媒体形式实时动态地提供与出行相关的各类交通信息，使出行者（包括司机和乘客）从出发前、出行中直至到达目的地的整个过程中随时能够获得有关道路交通情况、所需时间、最佳换乘方式、所需费用以及目的地各种相关信息，从而指导出行者选择合适的交通方式（私家车、火车、公交车等）、出行路线和出发时间，以最高的效率和最佳方式完成出行过程。

自动售票机即是ITS系统的体现

　　先进的交通信息服务一般需要从交通管理系统、运营车辆管理系统、天气预报等部门获得相关信息，进行分析、处理和发布。在出行过程中，出行者可以利用车站、交通枢纽、港口等公共场所的信息终端、Internet或便携式终端获取出行信息，选择和调整出行行为。交通信息网站和车载导航系统等都是典型的交通信息服务系统。

　　交通信息服务系统涉及的各类交通信息，根据属性不同，其信息采集、传输、处理、发布的方式和途径也各不相同，例如：

　　①公交时刻表和运行状态信息可从公交管理系统和部门获得；

　　②大部分与道路和交通有关的信息由监测系统（车辆检测器、摄像机、车辆自动定位系统等）采集，经过交通信息处理中心处理后，出行者通过路侧的信息显示装置（如可变情报板）获得，或从各类车载装置中直接获得；

　　③其他一些具有静态性质的信息，如地图数据库、紧急服务信息、驾驶员服务信息、旅游景点与服务信息等，出行者或公众可以在家中、办公室、车辆上、车站、停车场上利用随身携带的个人通信设施完成这些信息的查询、接收和交换。

　　在这些方法中，由于选用的信息传播媒介、信息提供方式不同，其所能为出行者、公众和交通部门提供的信息量大小、信息表达形式亦有很大的不同，故对出行者的诱导影响作用也各不相同。从信息流的观点来看，其所遵循的信息处理过程基本是一致的，即将采集到的原始数据，如道路状况、交通流现状等进行综合分析和处理，最后向出行者和公众提供合适的交通信息，来影响交通参与者对出行路线、出行方式的选择，以疏导交通流，保持最佳通行能力及提高交通安全度，从而最终提高社会效益与经济效益。

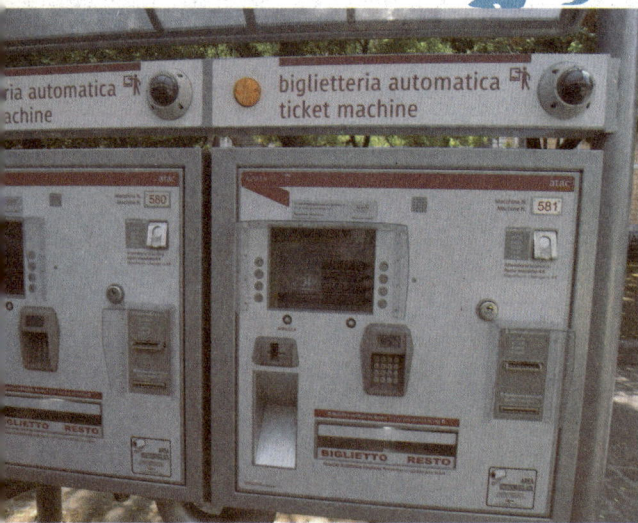

意大利的自动售票系统

交通信息系统的特色

先进的交通信息服务系统可以提供多种交通方式的出行计划和路径诱导，能为驾驶员和交通参与者的各类交通行为提供咨询服务，更进一步，可以为交通管理部门进行交通控制和交通管理提供决策支持。交通信息服务可以在出行前提供，也可以在出行中提供。出行前的服务可以为出行者提供用于选择出行方式、出行路线和出行时间的交通信息，包括道路条件、交通状态、公交信息等。出行者可以在家中、工作场所、停车场与换乘站以及其他地点提出这种服务请求，获得帮助。途中交通信息服务为出行者提供旅途中的交通信息，诸如交通状态、道路条件、公交信息、路线引导信息以及不利的出行条件、特殊事件、停车场位置等信息。先进的交通信息服务系统的作用主要体现在以下几个方面：

（1）多种交通方式的出行计划。提供区域范围的相关信息，帮助出行者选择、制定包括步行、私家车、公交车等不同出行方式的出行计划，甚至包括铁路交通、水运交通和航空交通等。

（2）咨询服务。可以提供广泛的咨询服务，包括事故警告、延误预告、当前交通状态下到达终点或换乘站预计时间、不利的出行条件、交通方式之间的衔接及其时刻表、运营车辆的限制（限高、限重等）、停车场信息、公交车站位置信息以及即将到达的收费站信息，等等。

（3）路径诱导服务。基于实时动态交通信息的诱导服务能够提供动态路径导航以及道路的行程时间等信息，可以帮助驾驶员选择最佳路线以躲避严重拥挤或其他不利的交通状况。

（4）与相关系统接口。与交通管理系统的接口可以获得高速公路和城市干道交通信息、事故信息和道路信息，与公交管理系统接口可以获得

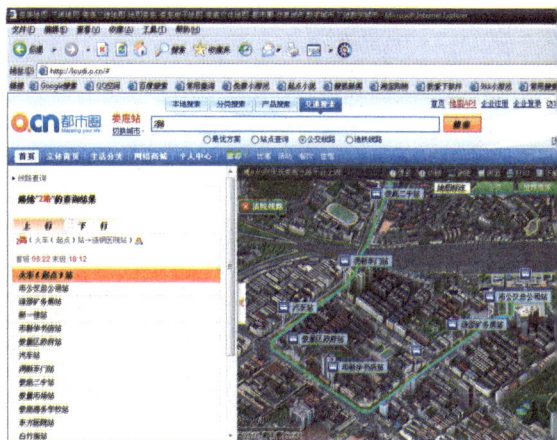

交通信息系统查询

公交信息，包括公交时刻表和公交车辆运营状态信息。这些信息可以与监视信息以及其他来源的交通信息相融合，共同发挥作用。

通过对出行者、公众、交管部门，以及交通信息服务系统设计和应用人员的调查得知，交通信息服务系统应该具备的特性主要体现在如下几个方面：

（1）提供的信息要及时、准确、可靠，出行决策的相关性要好；

（2）能为整个区域提供相关的交通信息，这要求跨行政区的公共机构共同参与；

（3）容易与ITS其他系统相结合，如紧急事件管理系统、高速公路管理系统、交通信号控制系统、公交管理系统等，以便获得大量的交通信息；

（4）操作人员须经过专门培训，训练有素；

（5）易于被交通参与者和公众接受及使用；

（6）易于维护，不需要过高的运行成本和较长的操作时间；

（7）最终用户能够承受所提供服务的费用。

交通信息服务系统应该满足特定国家和地区的发展目标，一般情况下，交通信息服务系统的主要目标体现在6个方面：

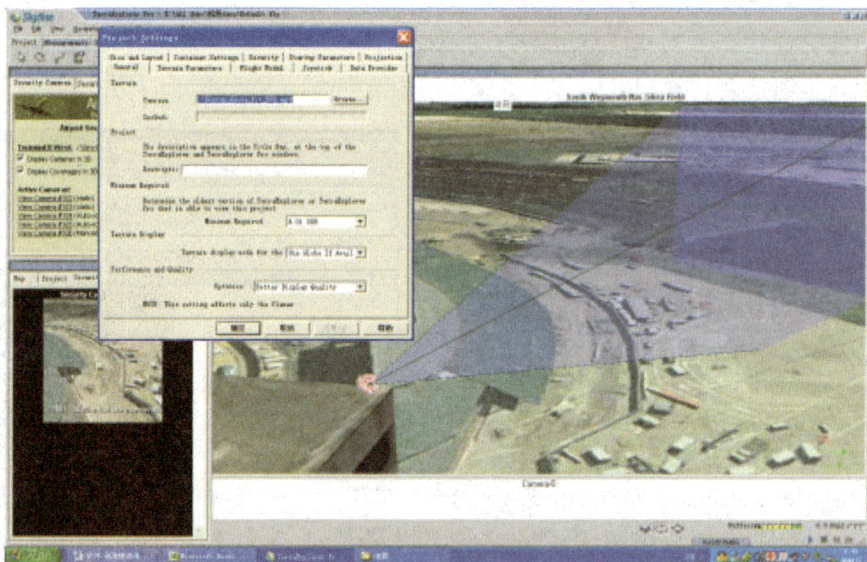

公路报警点的实时监控

（1）促进以实时准确的交通状态为基础的出行方式选择；

（2）减少出行者在陌生地区出行的压力；

（3）减少出行者个体在多方式出行中的出行时间和延误；

（4）降低整个交通系统的出行时间和延误；

（5）提高交通系统的总体效率，降低交通系统的总体成本；

（6）减少碰撞危险和降低伤亡事故（如减轻出行者在陌生地区的精力分散程度）。

实践表明，交通信息服务系统在出行时间、出行者满意度、路网通行能力以及环境影响等方面具有显著效益，也能够减轻道路拥挤、减少交通事故的数量。

交通信息服务系统的发展

随着信息技术的迅猛发展，以及科技进步与交通管理高效化的要求，使得交通信息服务系统也在不断地发展变化，逐步完善。例如视觉上由提供静态信息的道路标志、标线发展到日前大量应用的可变情报板、可变标志等；听觉上由一般电台的交通信息广播节目发展到路侧实时通信系统。

传统的交通信息系统是为整个交通流总体服务的，可作为交通管理系统的基础，其所能传递、提供的信息量是有限的。20世纪70年代以来，欧美、日本等发达国家在寻求缓解交通堵塞的研究中，出现了以个体出行者为服务对象的综合交通信息服务系统。出行者可以通过其便携式终端在与交通

交通服务与城市规划密不可分

信息中心的双向通信中使自己始终行驶在最短路径上（距离或时间），避开阻塞路段、事故发生路段或环境不良地段，从而减少延误，使交通拥堵状况得到缓解。

从总体上讲，针对个体出行者的综合交通信息服务系统（即出行者信息系统）的发展又可划分为两个阶段。第一代称为出行者信息系统，是在20世纪70年代出现的计算机技术和交通监控系统的基础上发展起来的，反映了人们利用通信技术进行信息发布的最初愿望。这些系统主要用于提高路网局部的通行能力，例如严重拥挤的交叉口，或者由特别事件和交通事故引起阻塞的部分路口与路段等。公路顾问广播和可变信息标志是这一代的代表。第二代先进的出行者信息系统（ATIS），它采用信息采集、传输、处理和发布方面的最新科技成果，可以为更广泛的交通参与者提供多种方式的实时交通信息和动态路径诱导功能。第一代到第二代的发展，反映了出行者信息的含义及其传播方式的巨大变化。第一代的 HAR 和 VMS 是单向的通信系统，用来向车辆传递通用的出行信息，由出行者个人对信息进行分析、筛选，选择出对其有用的信息。通信、电子地图、计算机和多媒体技术的高度发展，使得先进的出行者信息系统为出行者提供个性化的服务和帮助成为可能。由于 ATIS 着眼于提供出行者需求的信息，因而可以大大减少出行者对信息进行筛选的工作量。车载路径诱导系统、移动电话、有线电话、有线电视、大型显示屏和互联网等是第二代出行者信息系统的主要表现方式。

随着信息技术和计算机网络的发展，已经开始研究基于互联网构建 ATIS，并采用多媒体、通信等各种高新技术成果，汽车将逐步发展成为移动的信息中心和办公室。这将大大加强 ATIS 的服务

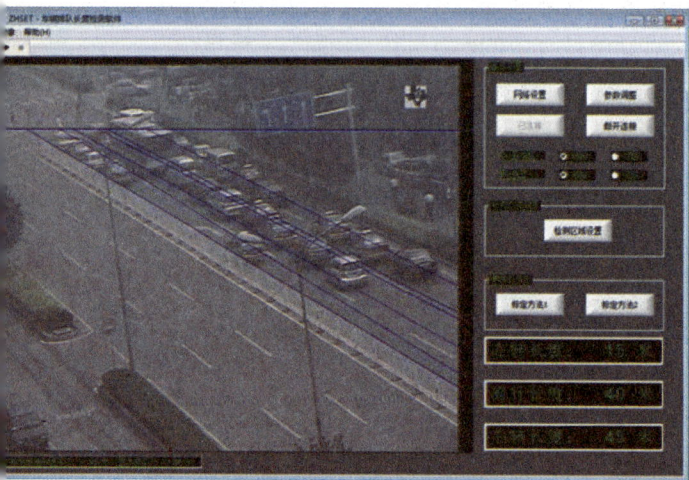

嵌入式视频交通采集系统

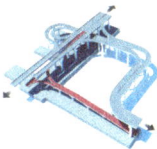

功能和服务领域，服务对象也由出行者扩展到所有交通参与者、公众和交通管理部门等。

最初交通信息服务系统的发展大都是小区域范围内信息服务内容简单、服务方式单一的较小规模的系统。随着 ITS 的不断发展，智能交通系统的概念已经从传统的道路交通范围扩展到了铁路、航空、水运等领域，交通信息服务的概念和内容也随之扩大到了多种交通运输方式的各种信息服务内容。并且随着 ITS 领域中其他子系统的发展以及 ITS 集成化、系统化、智能化发展的要求，交通信息服务系统也不再是一个独立的 ITS 子系统，而是在综合交通信息平台的基础上参与到整个 ITS 系统中，通过与其他 ITS 子系统的集成，共同提高系统的智能化、系统化水平，从而在更大程度上提高 ITS 的功能和效率，提高综合运输系统的安全性和效率，促进交通运输系统的智能化水平。

知识链接

湖北省的出行者信息系统

湖北交通公众出行服务系统在地理信息系统环境下以电子地图形式呈现国道、省道、高速公路及部分城市主要道路信息，提供高速公路、加油站、服务区、出入口信息的定位查询和路径分析、出行导航功能；建立了动态路况发布查询模块，能及时发布以高速公路为主的动态路况信息，包括事故、交通管制、临时封闭、拥堵等信息，并与高速公路视频直播系统相挂接，即时显示视频直播图像信息。此外，系统还专门增加了语音发布功能，可以将动态路况信息、车辆通行费和计重收费查询结果、出行导航分析结果以文本显示或语音的形式播报给公众。

第二节　交通信息服务内容

出行者信息服务需求

出行信息需求可以为出行信息服务系统提供信息需求，包括信息内容、结构和形式，具有分析出行者对不同类型交通信息的需求、信息发布途径的偏好及愿意付出的费用等特征。

交通部公路科学研究所的以公路出行者为对象的抽样调查结果显示，公众出行需求有如下层次：

1. 按对相关信息的需求强度依次为：阴晴雨雪等状况（气象信息）；车辆拥堵程度（路况信息）；路面湿滑程度（路况信息）；前方交通事故信息（路线选择信息）；加油站、公厕位置（相关配套设施信息）。这5类信息受关注的程度很高，而且在按个人背景不同分组比较中，他们受关注程度的差异性也不明显。

2. 在出行前公众关注的信息比较广泛，路况信息、气象信息和路线选择信息都受到了出行者的相当关注，而在出行中公众几乎都集中在对路况信息的特别关注上。这对建设高等级公路公众信息服务系统的启示是：在公众出行中信息服务系统的首要任务是提供尽可能及时、详细的路况信息，再去考虑扩展系统，提供其他信息。

3. 在公众出行前获取信息的途径中，交通广播，报纸、电视，短信平台、声讯电话分列前三位。不论是在总体上，还是在按个人背景不同分组比较中，交通广播均具有明显的优势。分组比较中，教育程度不同，所采用的途径有所差异：网站成为受高等教育的人在出行前获取信息的重要途径。

4. 在公众出行获取信息的途径中，交通广播、路侧通信广播，可变电子显示屏和静态指示牌分列前三位。30岁以下和30～40岁这两个相当年

实时路况

轻的群体则更倾向于可变电子显示屏这种新式的途径；而40～50岁和50岁以上这两个相对年龄较大的群体则更倾向于比较传统的静态指示牌。

5. 获取信息途径中，公众最愿意采用的前三种依次为：交通广播、路侧通信广播，短信平台、声讯，车载接受设备。短信平台、声讯电话已引起相当程度的关注，车载接收设备表现的优势还不是很明显，而网站在受教育程度较高的人群选择中仍然占据靠前的位置。

信息服务的内容

ATIS采用单元式模块化建设，各个城市各自建立城市信息模块，然后组织连接成联网系统。城市信息模块需要建立广泛的、便于使用的公共信息数据库，如地理信息数据库（电子地图）、交通运行数据库、公共交

通信息数据库等。以这些数据库为基础，通过有线和无线通信系统，出行者信息系统可以为出行者提供出行前信息服务、行驶中驾驶人信息服务、途中公共交通信息服务、个性化信息服务、路线引导与导航服务等主要功能。

1. 出行前信息服务

利用先进的通信、电子、多媒体、计算机网络等技术，使出行者在出行前可通过多种媒体，在任意出行生成地访问出行前信息服务系统，以获取出行路径、方式、时间、当前道路交通系统及公共交通系统等相关信息，为规划出行提供决策支持。其针对的用户主体是出行者，包括驾驶人、乘客、行人、非机动车驾驶人、游客等。具体子服务包括：出行前公共交通信息、出租车预约服务信息、出行规划服务信息和交通系统当前状态信息4项子服务。

出行前信息服务可使出行者在家里、单位、车内或其他出发地点访问出行前信息服务系统，以获得当前道路交通系统的相关信息，为确定出行路线、出行方式和出发时间提供支持。该服务可随时提供公交时刻表、换乘站点、票价以及合乘匹配等实时信息，以鼓励人们采用公交或合乘出行；还可以提供交通事故、道路施工、绕行线路、个别路段车速、特殊活动安排以及气候条件等信息，出行者可以据此确定出行方式、出行路线和出发时间等。

2. 行驶中驾驶人信息服务

通过视频或音频向驾驶人提供关于出行选择及车辆运行状态的精确信息以及道路情况信息和警告信息，向不熟悉地形的驾驶人提供导向功能。其针对的用户主体为驾驶人。具体子服务包括：道路信息、车辆运行状态信息、交通事件信息、停车换乘选择、停车场信息、交通状况信息、公共

车载广播

交通调度信息、交通法规信息、收费站信息、气象信息以及路边服务信息等11项子服务。

（1）道路信息包括道路几何信息和路面状况信息。道路几何信息主要有预先向驾驶人提供的收费站、交叉口、隧道、纵坡、路宽、道路养护施工等前方道路几何构造信息。提供的方式可以是视觉（如车载液晶显示屏）的，也可以是听觉（如路侧广播系统）的。使用了这种信息可以较大地提高行车安全性。路面状况信息是路面破损（包括功能性破坏或结构性破坏）、潮湿、积雪、冻结等路面状况信息，检测并采集后通过路侧信息发布设备实时向驾驶人提供，有效地保障了道路交通安全。

（2）交通信息包括路网交通拥挤信息、交通事故信息、平均车速与形成时间等动态信息；警告信息包括冰雪风霜等气象信息和特殊事件信息。这些信息可以帮助在途驾驶员顺利地到达终点。

3. 途中公共交通信息服务

利用先进的电子、通信、多媒体和网络技术，使已经开始出行的公共用户在路边、公交车站或公交车辆上，可以通过多种方式获取实时公交出行服务信息，以便用户在出行中能够对其出行路线、方式和时间进行选择和修正。其针对的用户主体为乘客。具体包括：换乘信息、车辆运行信息、调度信息以及票价信息4项子服务。

4. 个性化信息服务

通过多种媒体以及个人便携装置接收个性化信息和访问个性化信息服务系统，以获取与出行有关的社会纵横服务及设施的信息，此类信息包括餐饮服务、停车场、汽车修理厂、医院、警察局等的地址，营业或办公时间等。其针对的用户主体为出行者，包括乘客、行人、非机动车驾驶人、游客等。个性化信息服务具体包括：公共服务设施信息、公共服务预订和旅游景点信息3项子服务。

5. 路线引导及导航服务

这是出行者信息系统提供的比较高级的服务方式，它利用先进的信息采集、处理和发布技术为驾驶人提供实时交通信息，引导其行驶在最佳路

线路导航

径上，以减少车辆在路网中的滞留时间，从而达到缓解交通压力、减少交通阻塞和延误的目的，并通过实时的路线优化和路线诱导达到减少车辆在途时间的目的。其中，路线优化是按驾驶人、出行者和商业车辆管理者等用户的特定需要确定最佳行驶路线的过程，用户的特定需要包括路程最短、时间最短、费用最少等；而路线诱导是指运用多种方式将路线优化结果告知用户的过程，路线诱导的方式包括语音、文字、简单图形和电子地图等。该服务具体包括：自主导航、动态路径诱导和混合模式路径诱导3项子服务。

6.合乘匹配与预订服务

合乘匹配和预订服务是一种特定类型的信息服务，出行者/驾驶人提出合乘请求后，由管理中心选择最合理的匹配对象并通知用户双方或多方。这项服务可以提高车辆的实载率，降低出行总费用和道路拥挤程度。

交通信息服务系统的技术发展

传统的交通信息服务系统通过道路交通标志与标线、交通广播电台、电视、报刊等形式为出行者提供信息。这些信息通常是静态的，虽然也有部分动态信息（如电台提供的道路交通信息、电视台发布的交通事故信息等），但系统性和实时性较差。ATIS运用先进的信息技术和通信技术，可以在多种场合，以多种方式向出行者提供质量高、实时性好的交通信息服务。相比之下，ATIS的技术进步体现在以下几个方面：

（1）信息发布手段的视觉化

ATIS除了利用无线电广播、电话咨询等技术发布语音交通信息外，还普遍运用Internet网页、交互电视、车载单元显示屏和VMS来发布信息。

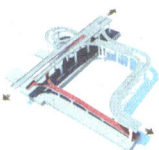

例如，美国1996年亚特兰大夏季奥运会期间使用的"亚特兰大出行者信息Shoucase"项目，将100个车载设备及250个个人通信设备提供给外来用户，在CrownPlaza饭店的300个房间设有交互电视，并采用互联网网页提供相关的出行信息。

（2）无线电广播技术的更新

将交通信息传送给出行者的最一般方法是使用无线电广播。但是，随着信息量的大幅度增加和对信息实时性要求的提高，以往的无线电广播技术已无法满足要求，因此，在ATIS中采用了更先进的无线电广播技术。如目前欧洲广泛使用的是交通数据专用电台RDS-TMC（无线电数据系统—交通信息频道），日本使用的是先进的路侧广播系统。

（3）双向通信技术的广泛应用

在传统的出行者信息系统中，主要由交通信息中心采用单向通信的方式（广播、电视、VMS等）为出行者提供信息。由于没有信息反馈，因而

可以显示路况的导航仪

所提供的信息没有个性化特点。在 ATIS 中，由于越来越多地采用了双向通信技术，交通信息中心不仅向出行者发布交通信息，也从出行者那里获得交通运行状况信息。出行者不仅能获得面向大众的交通信息，而且能获得所需要的特殊信息并提出特殊的服务请求。

（4）信息的实时性不断提高

随着信息采集、处理、传输、发布技术的不断进步，ATIS 提供的信息的实时程度越来越高。如美国休斯敦的道路交通网页信息每 1 分钟更新一次，日本东京的 MEPC 项目提供的高速公路交通信息也是每 1 分钟更新一次。1993 年东京都新宿区建立的日本第一个停车引导和信息系统 PGIS，每 2 分钟更新一次 29 个停车场的使用状况信息，1991 年和 1994 年的对比分析表明，该系统的应用使停留在街上的汽车减少了 44.3%。

（5）信息的复杂程度日益增强

由于 GPS、GIS 和移动通信等技术的广泛应用，ATIS 所提供的信息越来越复杂，对交通系统产生的影响也越来越大。如电子地图的使用使 ATIS 所提供的信息更加丰富、清晰和准确；路线诱导系统的路线选择不再仅仅以路网结构数据和历史交通数据为依据，而是更多地依据路网最新的和预测的交通信息，使网络交通流的整体优化成为可能。

北京公众出行网

北京公众出行网是交通部支持的公众出行信息服务示范项目。为提升行业管理和服务水平，向公众提供动态和综合性交通信息服务，方便老百姓出行，交通部于 2004 年起开始建设省级公路交通信息资源整合工程、区域性道路客运综合信息服务系统和公众出行交通信息服务系统 3 项交通信息化示范工程。

网站为公众提供了动态交通信息、交通基础设施信息、客运信息、交通黄页、出行常识等服务。交通眼——实时交通路况信息发布系统提供了快速、直观查询北京交通状况的服务，此系统采用完全自主知识产权的浮动车数据采集、处理和发布技术，路况信息每 5 分钟全面更新一次，以地

图形式实时展示北京市五环以内几乎所有道路的交通状况，公众可据此选择出行线路，避开拥堵路段。

针对公交出行和自驾车出行用户的需求，网站推出了公交、地铁、长途客运线路、班次及换乘信息服务，加油站、停车场、汽车维修企业、汽车租赁站点等交通服务机构信息以及北京旅游景点的交通解决方案信息等。人们还可以方便地查询到道路事故、施工、封路、临时管理等信息。北京公众出行网还对一些重点路段和复杂立交桥以图片和动画的形式进行指路服务。

为方便新手上路和外地驾驶人来京，网站推出了立交桥、复杂路段、重点路段等行车示意检索专栏，以图片或动画的形式导航。针对相对复杂的西直门立交桥、阜成门立交桥以及首都机场路段，出行网还专门提供三维路径引导和视频展示窗口。

在经历了40多年的发展之后，第二代先进的出行者信息系统采用信息采集、传输、处理和发布方面的最新技术已经发展起来并正在逐渐成熟。出行者信息系统的框架结构采用类似于局域网的架构体系。城市信息模块等同于个人计算机，在结构和功能上自成一体独立运作，互相连接则构成区域系统。单个城市信息模块具备信息采集、融合处理与信息发布的结构和功能。ATIS的服务内容包含与交通有关的各方面内容，包括交通的上游和下游信息及本体信息，努力满足大众的出行需求。

随着经济社会的快速发展，交通问题将更加突出，交通行业将面临更大的压力和挑战。现代电子技术、信息技术高速发展，为交通行业的发展提供技术支持。智能交通信息服务将把信息化、实时化和网络化进一步推进。网络的普及也会带动出行信息系统服务的普及，使大众自主上网查询信息。在发展出行者交通信息服务系统的同时，也要逐步完善出行者信息服务标准和公众信息服务的技术指标、经济指标、社会和环境指标所组成的评价指标体系，为出行者提供实时高效的综合出行信息服务。先进的出行者信息服务系统正在逐步完善，必定会在智能交通体系中发挥重要作用。

知识链接

紧急救援系统（EMS）

　　EMS 是一个特殊的系统，它的基础是 ATIS（先进的交通信息服务系统）、ATMS（先进的交通管理系统）和有关的救援机构和设施，通过 ATIS 和 ATMS 将交通监控中心与职业的救援机构联成有机的整体，为道路使用者提供车辆故障现场紧急处置、拖车、现场救护、排除事故车辆等服务。具体包括：1. 车主可通过电话、短信、翼卡车联网 3 种方式了解车辆具体位置和行驶轨迹等信息。2. 车辆失盗处理：此系统可对被盗车辆进行远程断油锁电操作并追踪车辆位置。3. 车辆故障处理：接通救援专线，协助救援机构展开援助工作。4. 交通意外处理：此系统会在 10 秒钟后自动发出求救信号，通知救援机构进行救援。

第四章　交通管理系统

先进的交通管理系统是指以智能技术为支撑，以系统化、标准化、规范化、人性化等为特征，安全、可靠、高效、经济、实用的各类交通管理系统的集成。先进的交通管理系统是 ITS 的重要组成部分，它基于信息技术和道路交通的发展需求，反映了现代化城市及城市间交通系统建设的必然要求和发展趋势。

第一节 城市交通管理系统

交通管理系统

先进的交通管理系统（ATMS）是一种利用先进的交通信息采集、数据通信、电子控制和计算机处理等高新技术以及现代交通工程理论，根据系统工程原理进行集成，实现对地区道路网络交通流进行实时监控、主动控制、协调管理与操作的综合交通管理系统。

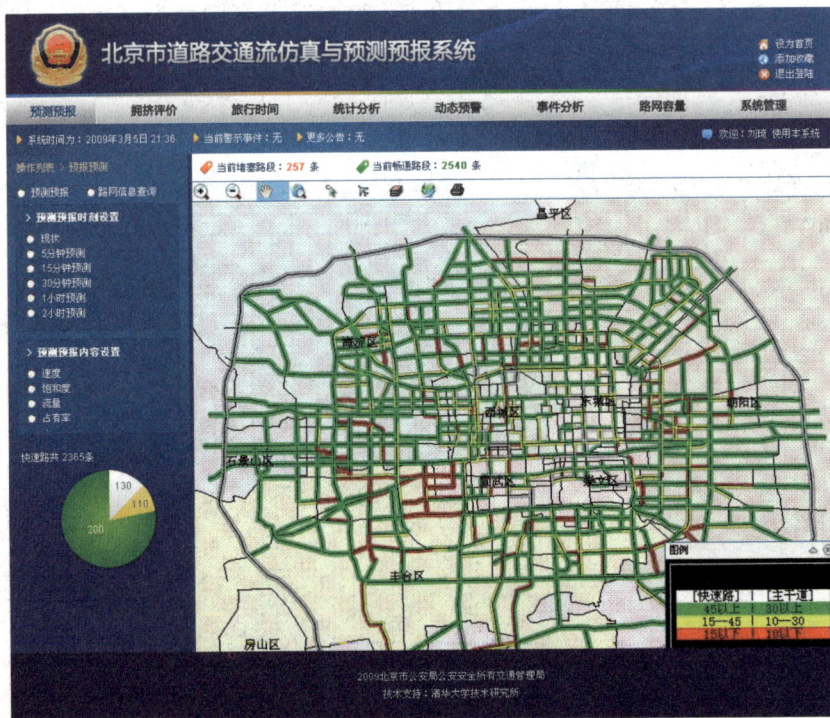

道路交通流仿真与预测预报系统

　　ATMS 是智能交通系统（ITS）的关键组成部分，它通过对道路交通网络中的各种交通信息进行实时采集与传输，并根据现代交通工程理论模型进行实时处理和评价，开展和协调交通网络系统运行所需求的事件反应，为交通网络使用者提供实时准确的交通网络状态、出行选择以及在满足安全、效率和方便性最大可能性条件下的决策信息支持。同时，通过提供与其他 ITS 子系统（如 ATIS、APTS）之间进行有效数据的交流功能，支持其他地区的 ITS 工作。ATMS 的有效实施能够达到缓解交通拥挤、缩短旅行时间、降低能耗、减少交通事故、提高交通管理水平、实现社会效益与经济效益的最大化等目标，为广大人民的生活工作和交通运输生产带来最佳的效益。

ATMS 逻辑框架

　　ATMS 逻辑框架由 ATMS 功能上的 4 个处理过程和大量的终端用户构成。为了支持在使用者服务计划中确定的使用者需求，终端用户为 ATMS 提供接口信息。每一个终端用户代表了一个外部实体，它可以进行数据通信，或者接收来自 ATMS 功能处理过程的数据。终端用户可分为以下几种类别：

　　（1）使用者终端。这是一些在 ATMS 中心子系统和道路沿线子系统的工作人员以及与 ATMS 子系统相互交互的驾驶人和出行者。

　　（2）系统终端。这些是非 ATMS 中心的系统（例如与 ATMS 互相交互的政府机关）、路边系统（如传统的信号传感器）和与 ATMS 相互交互的车辆系统。

　　（3）环境终端。这是指被 ATMS 系统感知的环境状态。

　　（4）其他子系统（其他 ATMS 中心）。

　　ATMS 逻辑框架将这些功能上的需求划分为 4 个功能上的处理过程。这 4 个处理过程确定了在 ATMS 框架和终端使用者之间的数据流。这 4 个根据功能需求划分的处理过程构成了基本的 ATMS 逻辑框架。ATMS 包括的 4 个处理过程为：

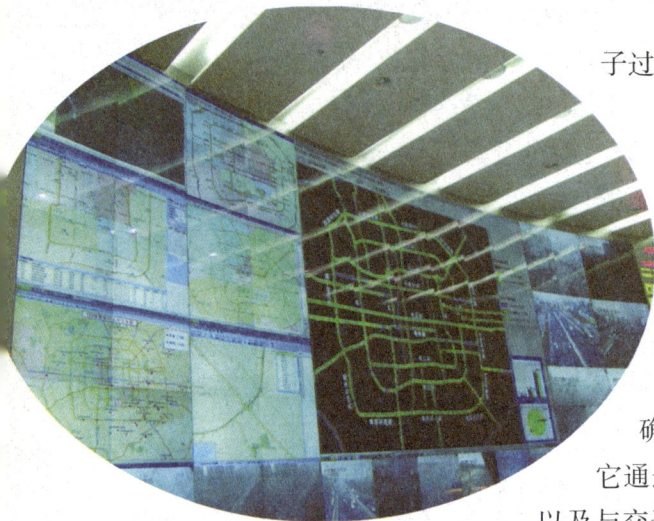

交通路况的接收管理

（1）交通管理处理过程，由以下子过程组成：

1）事件管理。该过程是道路交通事件管理的处理程序和活动。它利用道路网络状态、交通协作数据、信号优先请求、外部报告、计划事件和其他交通管理协作数据等方面的信息与历史数据相比较，分析和确认潜在的或者可预测的事件。它通过与控制交通流处理过程协作，以及与交通操作人员相互交流事件数据和事件命令接收，改善了事件管理能力。

2）监控交通流和道路状态。该过程监控和测量交通网络状态，采集气象信息、道路状况和交通状态方面的数据。这个处理过程也采集和分析来自于其他交通操作中心地区的交通流状态数据，为管理事件处理过程、控制交通流处理过程和管理交通需求处理过程提供协作数据，并且为交通操作人员提供交通网络状态信息。

3）控制交通流。即管理交通系统的处理过程和活动。它利用交通网络状态、事件协作数据、工作区域状态、交通协作数据等信息提供给交通控制信号优先请求。处理过程根据预测的交通流、准确的交通数据和交通操作人员的请求配置交通控制设备。它通过道路信息显示和与其他换乘点及交通操作中心间的协调的交通控制信息为出行者提供信息。这个处理过程也提供交通信息和有关于出行者信息服务处理过程的资讯建议。

4）交通需求管理。交通需求管理是交通道路网络上的交通需求的处理过程活动。它利用交通状况、历史数据、道路封闭、交通计划和网络状态等信息，提供监测管理和需求管理策略。

5）工作区域管理。该处理过程是一个管理交通网络中的工作区域的处理过程活动。它通过分析工作区域和建设区域对交通流的影响，提供工作区域的状态和区域协调数据。

（2）紧急事件服务处理过程，该处理过程包括以下功能：

1）协调紧急事件反应。该处理过程解决了紧急事件辅助请求和管理紧急事件的车辆处理过程之间的协调问题。

2）紧急事件的车辆管理。该处理过程通过派遣者的输入、返回到派遣者的状态、紧急车辆上的信息传送及在网络中的紧急车辆的位置和状态为事故处理提供支持。

（3）公共交通运输管理处理过程

这个处理过程整合了可以应用到固定公交服务、需求，反应公交系统的交通路线监控功能。通过这个处理功能，公交信息可以直接地提供给公交驾驶员和公交乘客。为了支持在信号配饰路段交叉口和高速公路匝道控制的优先权计划，以及为了反映公交与交通管理过程的全面协调，这个处理功能提供了一个

智能交通应用

与管理交通功能的接口。公共交通管理处理过程确定需要管理固定和可变时间计划的公交车辆，以及与交通管理处理过程之间的接口能力。

（4）出行者信息服务过程，该处理过程包括的主要功能有：

1）出行计划。它接收交通信息、路线标准和交通时间计划等信息，提供方便的出行计划和路线选择服务。这个处理过程提供了基于这些信息基础上的路线信息和指导信息。

2）车载驾驶员信息系统。这个处理过程为在路上的驾驶员直接提供服务信息，如车辆位置数据、出行者请求信息、气象信息等。

3）出行者信息服务。它接收天气、换乘、交通和公交时间等方面的信息，为出行者提供信息请求服务和进行请求信息的处理与发布。

ATMS 的支撑系统

这个支撑系统提供交通网络管理所需的控制能力。所有的交通控制功能，要由特定的 ATMS 支撑系统对逻辑框架的各个终端用户和处理过程进行控制。ATMS 的支撑系统主要有以下几个部分：

（1）交通管理

这个系统提供交通网络管理所需的控制能力。交通控制功能通过管辖区域的 TMC、ATSS 和其他的机构（如交通控制系统）的交通操作控制系统完成。交通管理的系统由广域的交通管理系统、事件管理系统、交通控制（如地面街道和公路）组成。

（2）系统管理

这个支撑系统负责监控、配置和管理 ATMS 的资产，也提供对建设和特殊事件的计划和时间安排的支持。系统管理由以下支持系统组成：养护管理和维护时间安排计划；管理、操作中心硬件和软件监控；配置和目录的管理；事件计划和时间安排。

（3）分析和建模

这个支撑系统负责提供分析和建立交通网络的模型的功能，由一个整合的模型管理者包括 OD 处理、历史数据的分析、交通模拟模式、动态交通分配模型、信号和控制优化模型管理的 5 个支持系统组成。

（4）监控系统

这个监控支撑系统由车辆跟踪、监控图像处理、交通和环境监控、通信几个部分组成，实现数据处理，为监控交通网络操作员工作提供必需的控制和接口。

这个支撑系统还提供了 ATMS 内部实体之间的通信接口能力，以及同其他 ITS 相关系统

交通监控

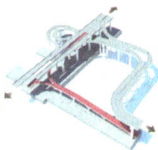

之间的通信接口能力。该系统有以下支持系统：输出数据流处理、输入数据流处理、I/O 管理者。

ATMS 物理框架及其组成

基于先前定义的逻辑框架和支撑系统的需求，目前存在 4 种比较常见类型的物理框架。它们是中心式、点对点分中心协调式、点对点的允许控制式和中心协调式等。点对点分中心协调式是目前应用比较多的方式。

ATMS 的物理框架包括交通管理控制中心、交通信息检测系统、交通电视监视子系统、交通信息通信子系统、交通信息综合管理子系统、城市交通信号控制系统、紧急事件快速反应子系统和交通信息服务子系统，以及其他地区的 ATMS 系统和其他 ITS 系统。

交通管理与控制中心（TMC）是一种利用先进的交通信息采集、数据通信、电子控制和计算机处理等当代高新技术以及现代交通工程理论，根据系统工程原理进行采集，实现对地区道路网络交通流进行实时监控、主动控制、协调管理与操作的综合交通管理系统。它可以视为交通管理系统的核心，在这里进行有关交通网络的信息采集和处理，以及同其他 ITS 的操作和控制系统的数据进行融合，从

道路网路的实时监控

而获得实时、准确的交通信息。然后，TMC 系统操作人员运用这个交通信息，监控交通系统的进行状态，并且当长发性拥挤发生的时候，引发控制策略去影响运行过程。TMC 还是一个公用的信息交换平台，可以实现同 ITS 其他子系统（ATIS/APTS/EMS）之间协作管理的功能。

在 ATMS 中，TMC 通过交通信息通信子系统接收，由交通信息检测子系统利用安装在城市道路网路上的多种不同类型交通信息检测传感器

（如环形线圈检测器、微波检测器、视频检测器等）检测整个城市路网实时的交通流状态信息（如被检测路段的车辆占有率、车流量以及车速等实时交通信息）。TMC 将这些由多种不同交通检测传感器检测到的信息进行数据融合，根据城市交通状态指标量化模型获得整个城市道路交通网实时的交通状态，结合交通电视监控子系统所获得的图像信息，做出一系列的交通决策，并通过交通信息子系统实时地发送到管理子系统，从而达到快速、及时、准确地处理交通事件，确保交通流合理分布、运行平稳与提高道路交通安全的目的。例如，TMC 将由交通信息通信子系统传送过来的交通信息结合城市交通路网的静态交通信息（如路段的长度、交叉口的通行能力等）和城市道路网各个路段的历史交通状态规律（如车辆到达交叉口的时间规律等），利用交通流优化与控制模型对整个城市路网内的交叉口信号配时方案进行优化，并通过交通信息通信子系统将交通决策信息反馈到路口信号机，从而实现对交通流的实时优化控制；紧急事件的快速反应子系统将由 TMC 通过交通信息子系统传送过来的交通信息，根据交通事件自动检测测算法，判断实时交通紧急事件的发生，并结合交通电视监控子系统获得的实时图像信息对紧急事件的性质进行判断，制订最佳的救援与现场交通管理与控制方案，最大限度地降低紧急事件的影响和持续时间，以及避免二次交通事故的发生；交通信息服务子系统根据 TMC 将所得到的交通信息，对出行者关心的行程时间、行驶速度、车辆延误等方面的交通参数进行预测，并结合其他黄页信息为交通用户提供咨询服务，从而实现对交通流的主动引导，提高城市交通的管理水平；交通信息中心和管理子系统根据 TMC 所得到的信息更新交通数据库，并完成数据库的日常维护和数据的深层次挖掘，以及为其他子系统快速、准确地提供所需的交通信息。TMC 也可以通过交通信息通信子系统对交通信息检测子系统和交通电视监控子系统进行实时控制，从而获得实时需求的特定交通信息。可以说，交通管理控制中心（TMC）是 ATMS 的具体功能实现的主要载体，是实现 ATMS 各个子系统之间运行和谐、统一的重要基础。

知识链接

为什么要实行"公交优先"

有人做过一项统计，在交通能源消耗方面，小汽车平均每运送一名乘客的耗油量相当于公共汽车的4.5倍。每100千米的人均能耗，公共汽车是小汽车的8.4%。如果按照全国所有的私人小汽车计算，其中有1%的人改乘城市公共交通，仅此一项，全国每年就能节省燃油约8000万升。此外，欧洲、美国、日本、南美等一些发达国家和我国香港地区的经验也表明，"公交优先"能快速有效地分流人员、方便群众、减轻城市道路压力，是缓解当前城市人多地少、车多路少、交通拥挤的有效途径。

长期的实践让越来越多的人认识到"公交优先"的好处。再加上政府不断地加快有轨交通的建设和专用公交线路的建设步伐，让公交车尽可能少地受到其他交通工具的影响。因此，城市中的公交车就显得非常特殊，拥有很多优先权。

第二节　监控系统

监控系统

监控系统是公路控制系统的重要组成部分之一，是利用电子技术和计算机技术，以公路通信网和电信网为传输媒介，对公路交通管理业务、道路安全、交通状况等进行实时的监视和控制，从而达到安全、快速、高效、舒适、环保的目的。其中，监视是指利用路面、路旁的数据采集、检测设备和人工观察，对道路交通状况、路况、天气状况和设备工作状况等进行

实时观察与测量，并通过通信系统送至监控中心；控制是指依据监视所得的各种数据，进行科学、及时的分析和判断，生成决策方案，并将最终的决策结果和下达的控制命令通过通信系统传送到信息发布设备、收费车道控制设备或匝道控制设备，以促进行车安全，提高行车效率。

监控系统的目的是保证行车安全和道路畅通，在此基础上再实现高速、环保等其他目标。根据公路交通需求及管理特点，监控系统一般需具备如下功能：

①信息采集；

②数据处理、统计、查询和显示；

③信息发布；

④信息处理决策；

⑤交通诱导与控制；

⑥系统自动诊断；

⑦数据备份和系统恢复；

⑧安全管理；

⑨信息传输；

⑩事故、事件输入。

交通监控系统安装

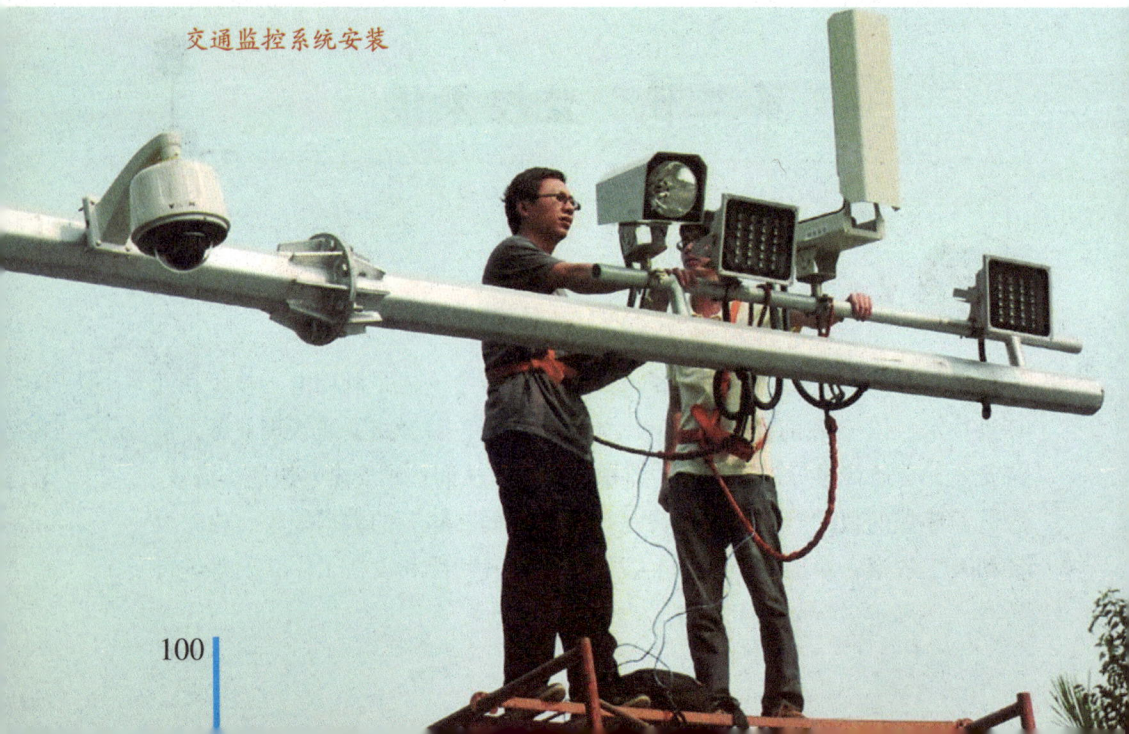

监控系统组成

监控系统一般由交通信息采集系统、信息处理系统和信息发布系统组成。

1.交通信息采集系统

交通信息采集系统主要采集交通流信息、气象信息、隧道交通环境信息及异常事件信息等。

①车辆检测子系统。在公路主线、出入口匝道、互通立交、隧道内等处设置，用来采集交通流数据，作为监控中心信息处理系统进行分析判断、生成控制方案的主要依据。

②气象环境监测子系统。主要检测风力、风向、降雨、降雪、冰冻、雾区等影响公路通行环境的气象状况信息。

③闭路电视子系统。在车流密度比较大的路段、事故易发路段和重要构造物等处安装 CCTV 系统，通过视频图像实时掌握监控区域交通状况，以便对突发事件迅速地作出反应，采取相应措施，排除故障或妥善地处理事故。

隧道监控系统设计图

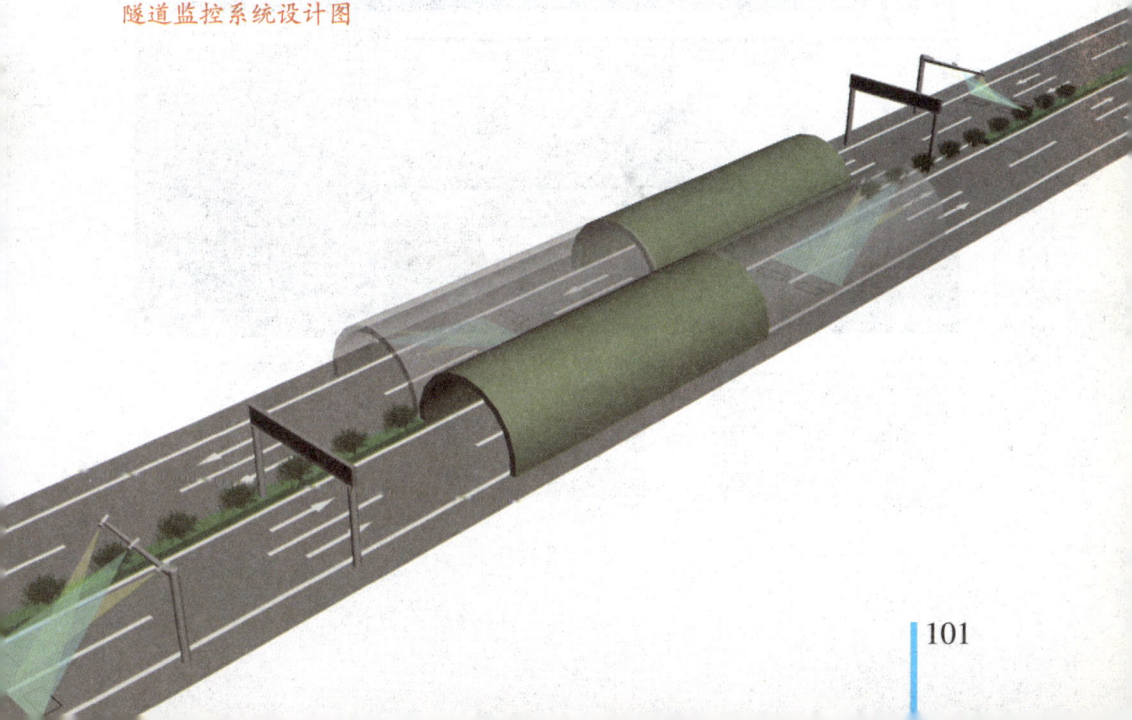

101

　　④隧道监测系统。主要检测隧道内的通行环境，检测隧道监控设施的显示状况、能见度、风向、火灾报警信号等信息。

　　⑤紧急电话子系统。在公路上下行线上每隔一定距离安装一部紧急电话，当车辆发生故障或出现交通事故时，驾驶员可及时向监控中心通报，同时在监控中心的紧急电话计算机上可以显示发信电话所在的地点和编号，以便采取相应的应急措施。

　　⑥无线对讲子系统。通过公路巡逻车上的无线对讲系统来采集路况及突发事件信息。

2. 信息处理系统

　　信息处理是介于信息采集和信息发布之间的中间环节，是监控系统的核心部分，通过监控中心设备的运行，生成交通控制方案，主要功能如下：

　　①对信息采集系统传输来的数据进行实时的处理和分析；

　　②根据分析结果确定控制方案，发出相应的控制命令，指挥事件处理；

　　③通过闭路电视系统监视各主要路段的交通情况；

　　④负责管辖区域内的通信联络；

　　⑤监控整个系统组成设备的工作状态。

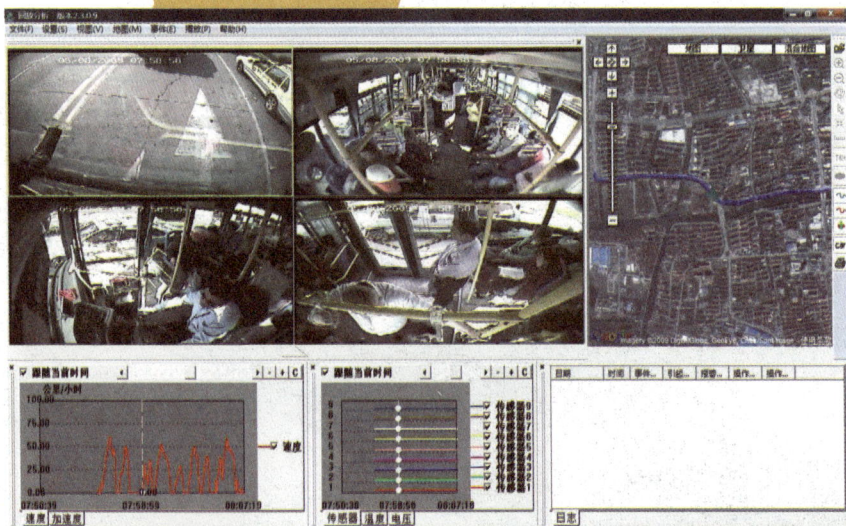

公交管理系统

其中，信息处理系统需提供的决策功能有：

①主要匝道口交通诱导分流决策；

②事故多发路段交通异常预警决策；

③雾区交通控制决策；

④道路维护施工封锁部分车道决策；

⑤隧道内一氧化碳、烟雾等浓度异常的通风控制决策；

⑥隧道照明控制决策；

⑦隧道火灾报警控制；

⑧隧道交通异常自动预警决策。

3. 信息发布系统

信息发布系统用于向道路使用者提供道路交通信息和诱导控制指令，以及向管理、救助部门和社会提供求助指令或道路交通信息，其主要设备包括可变情报板和可变限速标志、车道控制标、指令电话和交通广播系统等。

监控系统涉及的技术领域

交通监控系统在实施时涉及的技术领域包括计算机网络技术、视频监视技术、数据采集与处理技术、数据通信技术、图像处理技术、计算机软件设计技术、交通控制技术以及相关的土建技术等。

①计算机网络技术。计算机网络的功能可归纳为资源共享、提高可靠性、节省费用、便于扩充、数据通信、协同处理、负荷分担等。在交通监控系统中，通过计算机网络把数据采集、交通控制、诱导策略实施等模块连接成为有机的整体。

②视频监视技术。视频监视系统可以把监视现场的图像和声音数据传送到远离现场的监控中心，通过多媒体技术将视频、音频数据保存到计算机中。视频监视系统一般由视频采集、视频信号传输、视频信号显示及视频控制部分组成。对公路主线入口、桥梁、隧道等重要的交通位置进行视

频监视，可以协助工作人员及时了解交通现场的情况，根据发生的事件、事故确定具体的应对策略。

③数据采集与处理技术。数据采集与处理是指将传感器提供的温度、压力、流量、能见度、湿度等模拟量采集、转换成数字量后，再由计算机进行存储、处理的过程。数据采集与处理系统一般具有数据采集、模拟信号处理、数字信号处理、M 次数据计算和数据存储等功能。

④LED 显示技术。通过在公路两侧或上方设置 LED 显示屏，可以将交通诱导信息及时告知驾驶员，达到调节交通流量的目的。LED 显示屏由显示器件、电源、控制器等部分组成。

⑤数据通信技术。当前端设备采集到交通流量或温度、湿度等数据时，要将这些数据发送到上位机或监控室的其他数据接收设备，进行深层次的处理。数据传送时需要数据通信技术的支持，近距离可通过 RS232 或 RS485 口按规定的通信协议传送数据。

⑥图像处理技术。采用视频交通检测技术时，可通过摄像机采集视频数据，捕捉其中的某一瞬时图片，通过对图片进行画面分割、模式识别等处理，分析出交通流量的大小。

便携式数据收集器

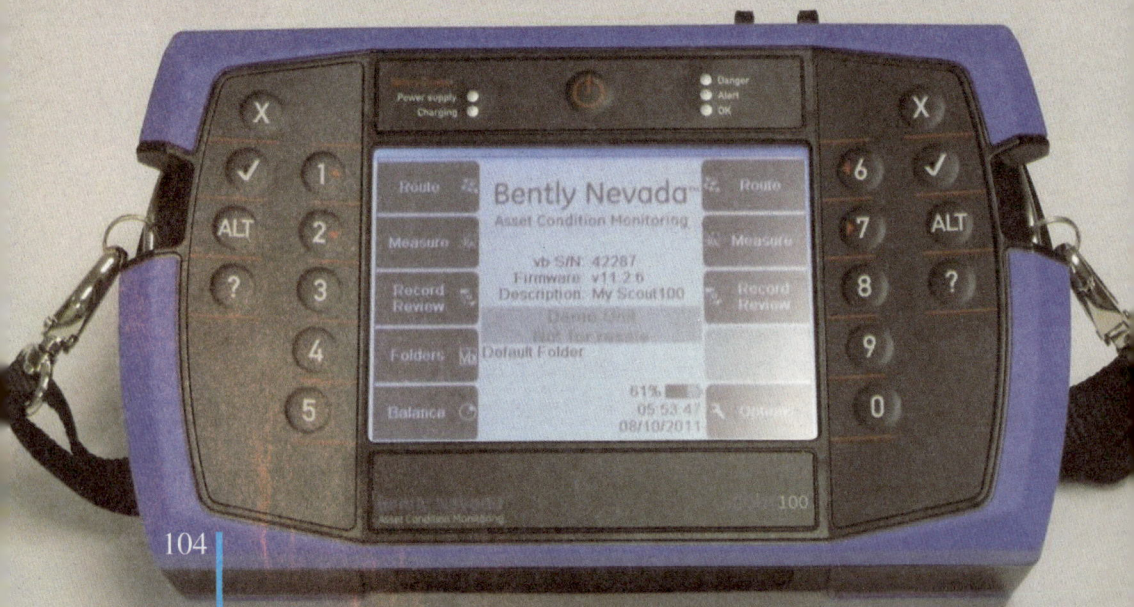

⑦计算机软件设计技术。交通监控系统的最终目的是为交通管理服务，大量的交通数据采集到监控室后，要依靠计算机软件对这些数据进行接收、分析和处理。

⑧交通控制技术。交通监控系统的核心是监控软件，而监控软件必须按照交通控制的算法来实现交通控制的目的，因此，交通控制技术在交通监控系统中占据十分重要的位置。交通控制包括匝道控制、主线控制和通道控制等，交通控制算法是交通监控系统的核心。

⑨其他技术。除了信息处理的相关技术外，在交通监控系统实施中还要涉及土建、钢结构构件制造、镀锌处理技术等，这些工作对于保证监控系统的质量和运行效果也是十分重要的。

电子警察系统

随着城市交通的迅速发展，道路机动车流量急剧增加，由此带来诸多交通问题。以往许多城市在某些交通场合（如无人值守的路口，禁行、限时道路，单行线，主、辅路进出口，紧急停车带，限车型车道，公交专用道，

固定式高清电子警察系统

违章超速等场合），由于缺乏有效的执法手段造成执法困难。特别是在夜间，违章行车现象经常发生，严重破坏了交通秩序。电子警察是"智能电子警察监测系统"的简称，它能对违章车辆进行自动判断与图像记录。执法部门可以根据该系统所提供的车辆违章过程的图像记录，对违章司机进行追究和处罚。

电子警察系统主要用于路口、路段或者特定场所如收费站、交通或治安检查点、停车场等的全天候交通监控与管理，路面动、静态交通违章的监测与管理；嫌疑车辆的布控、侦破和追逃，路面交通信息（如车速、流量、密度等）的实时采集与处理，路面交通监控信息服务等方面。

一般来说，电子警察有3类：第一类是胶片相机；第二类是数码相机；第三类是视频监控系统。当电子警察开启时，如果红灯方向行驶的车辆超过了停车线，停车线上的感应线圈将给自动拍摄系统传递信号，相机会自动将车辆违章的情景和车号拍下来。

（1）系统组成

典型的"电子警察"通常是由图像检测（车辆感应）、拍摄、采集、处理、传输与管理以及辅助光源、辅助支架和相关配套设备等部分组成。在实际运用中，该系统主要按照固定和流动两种形式，通过自动和人工操作两种工作方式进行。

①图像检测

在系统中起车辆感应的作用，主要种类有：环形线圈检测器、视频检测器、超声波或微波（雷达波）检测器、红外线检测器等几种。其中环形线圈检测器具有成本低廉、检测精度和可靠性高、适应性好等优点，使用最为广泛，但安装时需要破路施工，易因路面破损而毁坏，故障率较高且不能实现多车道无缝覆盖和跨越车道线或双实线的车辆检测；视频检测器除了初期投入的成本相对较高、环境适应性稍差外，其安装、使用及维护简便，检测范围大，性价比高，故障率低，功能全，可实施全过程智能化检测，又没有环形线圈检测器的固有不足等特点，应用渐广；而超声波或微波和红外线检测器因有易受现场因素干扰、检测精度不高、可靠性较差等缺点，目前使用较少，其中超声波或微波检测器有时用于人工检测。在实际应用中，理想的图像检测部分应当是环形线圈和视频两种检测器有机

融合的复合检测方式，以达到尽可能高的图像检测与捕捉率，实现高效、周全的监控与管理。

②图像拍摄

在系统中起图像抓拍的作用，主要有照相机和摄像机。其中照相机目前多采用数码照相机，极少使用传统的胶片照相机。而数码照相机多选用 300 万以上像素、可变焦、自动光圈及白平衡调整等的准专业相机。由于照相机的结构、图像存取等原因，

车辆抓拍

其实时性、连拍续传能力和环境适应性较差，一般多用于交叉路口的闯红灯车辆抓拍和人工流动拍摄等场合；而摄像机基本上都选用具有高清晰度、低照度、动态抗逆光与强光抑制、背景光自动补偿、白平衡自动调整等功能的快速（快门速度不能慢于 1/1000 秒）工业级摄像机，其配套的镜头则应采用大孔径、可变焦、大光圈，具有快速自动光圈调整功能的专业光学镜头。此外，还应配置合适的室外防护罩。而微型或掌上型模拟或数字摄像机则几乎仅限于短时间人工拍摄时用。

③图像采集

图像采集是将模拟视频图像数字化。通常采用多路视频图像采集卡，将多路模拟视频图像经过多路切换器、A/D 变换器以及裁剪、压缩编码后变成数字视频信息。国际上通常采用的视频压缩编码方式有：MJPEG、Wavelet（小波变换）、MPEG-1（如 VCD）、MPEG-2（如 DVD）和MPEG-4 等几种。国内数字化视频监控工程中常用的是具有压缩率高、系统资源总帧数大、传输速率要求低、单卡可支持多路视频压缩的 MJPEG和 MPEG-4 两种视频压缩编码方式。其中，MPEG-4 方式通过帧重建技术压缩和传输数据，以求用最少的数据获得最佳的图像质量，其压缩率更高，系统资源总帧数更大（高达 600 帧/秒），信息传输速率要求更低，且可支持交互式 AV 服务以及远程监控，因此 MPEG-4 方式具有更加明显的优越性、更广泛的适应性和良好的可扩展性，是当前及今后一个时期主流的视频压缩编码方式，而 MJPEG 方式则是采用帧内静态压缩、帧间动态压

缩技术，其压缩率甚高，但信号质量的数据损失较大，系统资源总帧数比MPEG-4 方式的小（通常为 200 或 300 帧/秒），不过其成本相对低廉，且可满足一般应用需求，现实中使用的也不在少数。

④图像处理

图像处理包括控制主机和系统应用软件两个部分，在系统中起控制、图像识别、存贮与管理的作用。为了保证系统在恶劣工作环境中连续不间断地自动运行，控制主机必须采用高速、大内存、大容量镜像硬盘等高性能工业级控制机或 DSP 处理机，以满足多路图像（包括全景和近景特写图像）的捕捉、识别、压缩、存贮、比对、报警、传输和故障自诊断与管理等实时多任务、多进程的操作要求，同时尚需预留有适当的扩展与升级余地；而系统应用软件通常包括 windows 或 Linux 或 Unix 操作系统、图像模糊识别与信息管理软件。图像模糊识别主要是车牌识别软件，一般包括图像二值转换、图像差分、滤波与平滑、车牌定位与旋转、字符切割、字符识别、车牌颜色提取与识别和车牌分类等功能模块。

⑤信息传输

信息传输包括本地和远程传输两个部分，在系统中起信息传递与交换的作用。本地信息传输部分主要包括检测信号线、视频信号线、网络信号线、网卡以及交换机或集线器等，是确保系统正常工作的"中枢神经"；而远程信息传输部分则主要分有线和无线两种介质，是实现系统远程监控、远程维护、远程报警以及信息共享与综合利用的基本保障。其中有线通讯设备通常有：DDN、FR、ISDN、ADSL、LAN 和 PSTN 等通信线路及其接入设备，光纤及其光端机，路由器或交换机或集线器等。无线通信设备则主要有：微波发射或中继传输、接收与接入设备，无线通信网卡、网桥及其天线等设备，卫星传输与接入设备，等等。

DPS 处理器

⑥信息管理

信息管理包括中心主机和管理软件两部分，具有信息的汇集、存贮、查询、统计、交换、备份、打印、嫌疑信息（如交通违章或事故逾期未处理、逾期未参加法定检验或审验、被盗抢和肇事逃逸等车辆信息）的自动比对与实时报警、系统故障自动诊断和远程监控、远程维护与报警等功能。中心主机部分通常选用高性能（最好是双 CPU）工业级控制机或 PC 服务器，而管理软件部分则多是建立在 Oracle 或 MS SQL Setvet 或 Sybase 等大型数据库基础之上的系统综合管理与应用软件。

服务器主机

⑦辅助光源

在系统中起辅助照明（尤其是夜间或光线不足时补光，提高抓拍图像清晰度）的作用。常用设备有：频闪照明灯（如闪光灯）、连续照明灯（如路灯）和其他冷、热光源（常见的有白炽灯、荧光灯、卤钨灯、陶瓷金卤灯、高压钠灯等）。闪光灯光能量集中、照明时间短促，对夜间车辆前照灯的强光抑制和突显清晰车牌效果显著，但若处置不当，则有可能使行驶车辆中的驾驶员产生眩目，存在安全隐患。通常多用于夜间或光照不良的情况下路口闯红灯车辆的尾部抓拍或者行驶车辆的头部抓拍等场合，使用范围有限。而连续照明灯的选用，必须充分结合工作现场环境条件和摄像机或照相机的工作特性，综合考虑灯具的光效、聚光特性、光源显色指数和色温等，选择高效、节能、一致性和稳定性好的照明灯具，满足图像拍摄要求。现实中，通常多选用不大于 150 瓦的陶瓷金卤灯，安装时其光束与地面或水平面夹角不得小于 75°，或者与车牌平面或垂面的入射角不能大于 15°，否则，有可能造成眩目等安全隐患。辅助光源的电源应当与图像检测及拍摄等装置的电源相对独立，并要通过自动测光的方式由控制主机自动控制在夜间或白天光线不足时打开照明，白天光线充足时自动关闭照明。辅助光源主要起确保系统在光线不足条件下正常工作的"夜明灯"作用。

智慧交通跟我来

龙门架

⑧辅助支架

它在系统中用于安装、固定摄像机或照相机及辅助光源等。常见的有：龙门架；悬臂架，如 L 或 F 型；立柱；移动式安装支架，如三脚架和固定在汽车上的专用支架等。其中前三类是固定式辅助支架，通常多采用无缝钢管或者八角形钢管焊制，并经酸洗除锈，表面热镀锌处理（镀锌层厚度一般不少于 60 微米）。龙门架和悬臂架的净高度一般不低于 6 米，而立柱的高度通常不应低于 2.5 米。固定式辅助支架的底座应牢靠地固定在路边并用地脚螺栓在预埋的钢筋混凝土基座上，可抵御台风袭击和行驶车辆的碰撞。因在室外路面上工作，故这三类固定式辅助支架上必须合理设置避雷和防盗报警装置（也可以用来安装相关标牌）。

⑨其他相关配套设备

为保证系统相关设备正常、稳定、可靠地运行，电子警察系统还需配备一些相关的配套设施。常用的有：长延时不间断电源（UPS），净化稳

压电源、强、弱电防雷、避雷与接地装置，系统故障、违章、嫌疑信息或防盗的报警装置，等等。

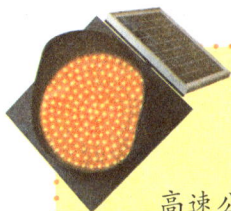

知识链接

高速公路在什么情况下要关闭

高速公路并不是可以连续工作不间断的大机器，它们也是需要休息的。高速公路是否要关闭主要取决于两个因素。首先就是能见度。大雾天气里能见度变低，人的视野范围也变得极为狭小，这对高速公路上行驶的驾驶员来说影响很大。因此，为了安全起见，当能见度小于50米时，工作人员会采取局部或全部封闭高速公路的措施。关闭高速公路的另一个重要因素就是路面状况。如果路面上有积雪或冰而又无法立即清除，为了保证行车安全，高速公路必须关闭。另外，如果高速公路上发生了重大交通事故，为方便警察调查、处理，高速公路也会暂时关闭一段时间。

第三节 交通事件管理系统

交通事件管理

（1）交通事件及其对交通的影响

交通事件是指导致道路通行能力下降或交通需求异常增多的非周期性发生的情况。根据交通事件的特点，可分为突发性交通事件和计划性交通

事件。突发性交通事件包括交通事故、自然灾害（如地震、灾害天气等）、生产事件（如有害气体泄漏、火灾、爆炸等）、恐怖袭击事件等，此类事件的发生具有不可预测性。计划性交通事件包括大型集会、大型文体活动、道路养护维修作业等，此类事件能事先获得事件信息并制订应对计划。

交通事件往往由某种特殊需求或特殊环境所引发，具有以下特点：

①非常发性

对于突发性事件，事件发生的时间、地点以及频率往往是不确定的，而计划性事件的发生虽然事前是知道的，但由于其会引发超常的交通需求，因而常常需要进行大量的准备工作，而且还要限制这类事件发生的频率，因此特殊事件具有非常发性。

②需求超常性

交通事件主要通过影响道路的通行能力和影响交通需求来对现时交通产生影响，导致交通需求大于道路通行能力，从而产生交通拥堵。

交通事件往往具有突发性

③波及广泛性

交通事件往往涉及对象众多，影响范围很广。例如一项养护维修工程，往往涉及到施工单位、交通管理部门、道路使用者等多个对象，如果引发了交通事故，还得涉及医疗、急救等众多部门，而其影响范围也不仅仅包括养护维修的路段，一般还会影响到相关的平行道路和相交道路。

交通事件的发生通常会改变原有的交通条件，譬如引起道路通行能力降低，或者在特定时间内产生大量的额外交通需求，这都将影响道路网中原有交通流的正常运行，容易引起交通拥挤和阻塞，并有可能进一步引发二次交通事故。

交通事件对交通系统的影响体现在以下方面：

交通事故具有危害性

①对道路通行能力的影响

交通事件通常会对道路设施产生局部性或区域性的破坏，导致其不能发挥正常的交通功能。如交通事故会堵塞部分车道，甚至堵塞整条道路；地震会造成道路设施的大面积损坏等。

交通事件对交通设施的影响可分为物理性影响和功能性影响。物理性影响是指交通设施的物理结构遭到破坏，如因爆炸造成道路和桥梁毁坏，或因地震、海啸、洪水、泥石流等自然灾害造成的道路设施破坏。物理性影响在短期内很难完全恢复。功能性影响是指在交通设施物理结构完好的情况下，由于交通事件而导致其交通功能的失效。如大型庆祝活动和外事活动采取的交通管制、灾害天气条件下的道路封闭或因交通事故导致的车道堵塞等。在这些情况下，交通设施受到的是功能性影响，虽然其物理结构仍然完好，但同样对交通系统产生重大影响。功能性影响容易在较短的时间内恢复到正常状态。

交通事件会明显降低道路的通行能力。1996年美国联邦公路局的《交通控制系统手册》中给出了事件对高速公路通行能力影响的研究结果。

②对交通需求的影响

交通事件不仅影响道路通行能力，还会对交通需求产生显著影响。例如，在举办重大体育赛事时，在比赛开始前，大量观众汇集到比赛场馆，

大型比赛中满满的观众

比赛结束后，又出现大批人员向四周疏散，这无疑会导致比赛场馆附近及周边道路网络交通需求的明显增加。又如，对影响公众生命安全的事件如海啸、毒气泄漏等，必须把人员从危险区域疏散到安全的地带，将引起局部区域的交通需求短期内急剧增加。

另外，交通事件还会导致交通需求在道路网络上的重新分布，有些道路的交通需求降低，而有些道路的交通需求则会增加。例如，某条道路发生重大交通事故而封闭时，车辆将转移到相关的其他道路，虽然总的交通需求没变，但部分道路的交通需求将大量增加，容易引起交通拥堵和交通事故。

交通事件管理的内容

交通事件管理的内容主要包括：事件检测与确认、事件快速反应、事件现场管理、交通管理、事件清理、事件信息发布等。上述内容通常是同时进行或交替进行的，下面对事件管理的各个环节分别加以叙述。

①事件检测

事件检测是及时对可能发生的事件进行发现、判断和对已经发生的事件进行检测的过程，是事件管理的第一步。能否及时对事件进行响应，很大程度上依赖于高效、可靠的事件检测技术。尽早检测到事件，对于制定恰当的响应策略、及时控制和引导其他车辆避开事发地点、降低事件影响和损失是非常重要的。

事件检测方法主要包括以下几种：驾驶员或其他人员电话报警，交通视频监控，基于检测器数据的交通事件自动检测算法和软件，交通警察巡逻，相关部门报告的事件信息等。

②事件快速反应

一旦确认交通事件发生后，事件快速反应就是协调各相关机构、管理相应的人员及设备、进行通信联络和信息发布等一系列活动的总和。合适的快速反应过程取决于对所发生事件的了解以及现有条件下所能提供的装备与资源。

③现场管理

现场管理的主要任务是准确评价事件严重程度、确定合适的优先权、协调相关资源的使用、安全高效地清理事件现场等。保证事件处理人员、事件当事人以及其他车辆和人员的安全是现场管理的首要目的。

现场管理

交通事件通知

④交通管理

交通管理涉及多个方面，包括快速道路控制、城市道路控制、交叉口控制、紧急事件处理、交通信息采集和发布、交通监控以及静态交通管理等方面。

⑤事件清理

事件清理是指清除事件遗留的残骸及其他影响道路交通流正常运行的障碍物，使道路通行能力恢复到正常水平的过程。

⑥事件信息发布

事件信息发布是指通过各种渠道和方式将事件信息传播给驾驶员的过程。通过发布事件信息，出行者可以避开或远离事件现场、改变出行时间或者出行方式等，从而降低事故带来的影响。常用的交通信息发布方式包括：交通广播电台、可变信息板、车载导航设备、电视、互联网、移动电话等。

交通事故紧急救援系统

（一）交通事故紧急救援系统的功能

（1）检测。获取交通事故信息以及周围交通流所受的影响。

（2）调度。向事故现场派出事故处理人员或紧急救护车辆。

（3）救援。进行事故勘察和现场救援。

（4）服务。提供所需的紧急救护服务和其他必要服务。

（二）交通事故紧急救援系统的构成

根据我国国情，应由公安机关协调当地人民政府及保险公司，组织城市医院和急救中心，建立具有快速反应能力的交通事故紧急救援

救治伤员是第一要务

系统，加强交通事故伤害的抢救力量。

（三）交通事故紧急救援系统运作程序

有效的交通事故紧急救援系统运作程序包括事件检测与确认、事件快速反应、现场处理、交通管理、事件清理、事件信息发布等 6 个过程。在实际应用中，上述 6 个过程通常是同时进行或交替进行的，有时又根据事件的具体情况减少某些工作环节，但是一个合理的事件管理（处理）程序可以提高各个环节的效率和有效性。

1.事件的检测和确认

事件检测是提醒负责维护交通安全和畅通的有关机构与部门给予注意的过程。下面的几种方法常用来进行事件检测：

（1）交通监视系统的车辆检测器、视频仪器和闭路、微波电视等；

（2）移动电话；

智慧交通跟我来

交通指挥中心

（3）路边紧急电话或交通事故报警电话；

（4）交通巡逻车祸执法部门的报告。

2.事件快速反应机制

一旦确定交通事故发生后，紧急救援系统根据历史交通信息并运用人工智能技术提出事件快速反应方案，进行协调各相关机构、管理相应的人员和设备、进行通信联络和信息发布等一系列活动。恰当、合适的事件快速反应过程取决于对所发生事件的了解以及现有条件下所能提供的装备与资源。

3.现场管理

现场管理的重要任务是准确评价事件严重程度，确定合适的优先权，协调相关资源的使用，保证通信的清晰与畅通，通过有效的方法安全、快速、高效地清理事故现场。保证事故处理人员、事件的当事者以及其他车辆驾驶员和乘客的安全是事件现场管理的首要目的。

高效的事件管理方案必须具备以下特征：

（1）确定一个事件现场指挥点；

（2）指定一个有权威的现场指挥人员；

（3）应将所有与事件处理相关的人员都包含进来；

（4）对紧急车辆和设备进行分阶段调用。

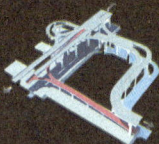

及时确认，火速支援

4. 交通管理

交通管理就是将各种交通控制方法应用在事件处理现场，其主要包括：

（1）车道关闭与开放；

（2）匝道控制；

（3）使用可替代道路。

这个环节是通过信号控制系统的配合实现的。

5. 事件清理

事件清理是移开失事残骸、清理道路上杂物以及其他影响交通流正常运行的东西，是道路通行能力恢复到事件发生前的正常水平的过程。

6. 事件信息发布和记录

事件信息发布是通过各种渠道和方式将事件信息传播给驾驶员的过程。常用的传播手段有：

（1）道路交通咨询电台；

（2）可变信息板；

（3）商业广播电台；

（4）车内路线导航器；

（5）有线电视交通报道；

现在的交通处理都会有即时通告

119

（6）互联网；

（7）电话信息交换。

交通事故紧急救援系统记录事件的相关信息，供以后研究和查阅使用。应用事件管理系统来降低交通阻塞事件，主要取决于怎样合理地安排上述6个过程。在事件处理的各个环节中，相关管理部门的协调也是非常必要的。各个部门（如路政管理部门、交通警察、消防队、紧急救援医疗小组、起重和拖车分队、信息发布人员以及其他的交通运输相关部门等）在特定的条件下应更深刻地理解自己的责任和作用，以使各部门之间的协作更加有效。

交通事故现场救援

发生交通事故后如有人员被困车中，则需要救援部门的救援人员运用合理的救援方法和适当的救援工具，从汽车中救出被困人员。该项工作应保持车内受伤人员不受干扰，避免浪费时间和劳力，每一步工作都要符合急救原理，才能迅速有效地完成救援任务。

1.救援步骤

（1）考察现场情况。开始进行救援工作之前，急救人员应对事故现场作一番客观考察，以避免意外发生。若现场和四周有诸如损坏的电线或致命的气体、液体等危险情况，应先将其排除后再进行救援工作。

（2）固定事故汽车位置。尽快将事故汽车固定下来。先在汽车车轮前后放上木条或砖石块，使汽车不能前后滚动，然后将车轮放气以保证车轮在救援过程中不能摇摆，以免加重伤者伤势。

（3）检查和保护受伤人员。救援人员要检查受伤人员状况和受伤情况以确定救援工作的速度和方法。在未处理汽车之前，先

消防官兵拯救被困人员

用毛毯将受伤者盖起来，可起保暖和防止受惊的作用，另外还可防止玻璃碎片和其他物件的伤害。在救援的这段时间内，应有人员陪伴伤者，及时观察受伤者的情况和满足伤者的要求。

（4）救出被困人员。如果汽车被撞变形，受伤人员无法移动，应使用专门救援工具把有关的汽车部件移动或去除，将车中被困人员救出。这些高性能的汽车急救工具可在短短的十几秒内将汽车的支柱剪断或车轮轴推开，效率非常高。

（5）现场诊断急救。如果医疗救护人员未到现场，救援人员应先将伤者送至路旁的安全地带，立即做必要的检查和救护。

（6）清理现场。当交通警察勘查完现场后，救援人员应拖走事故汽车并扫清路面，协助警察恢复正常的交通秩序。

2.主要汽车急救工具

（1）电展宽钳。功能是将汽车的金属罩壳撑开，如果放在路面上，可以将汽车架高。

（2）电剪钳。功能是将汽车金属罩壳撑开，如车顶支架和车门等。

（3）推拉器。功能是将汽车部件推开或拉开，工作对象主要是车轮轴、车门、仪表板等。

（4）发动机。发动机是供应急救工具动力能源的机器，分电动机和汽车发动机两种，前者的效率比后者低。每台发动机可同时提供2台急救工具的动力源。

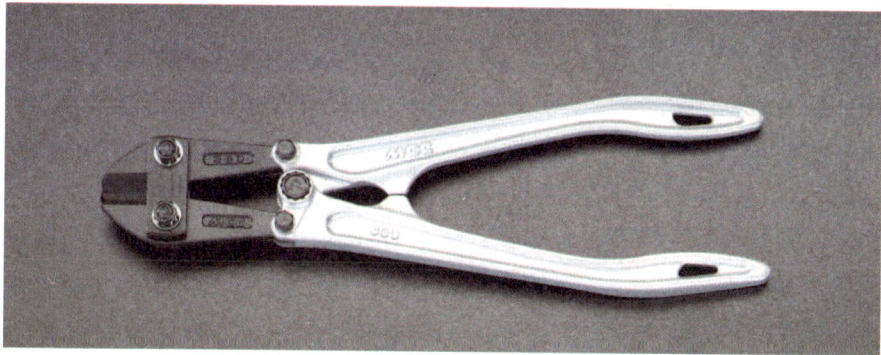

剪钳在施救中很重要

这些急救工具效率高，但伤害力也大，救援人员需接受严格的训练后方能使用。

医疗救护

交通事故造成人员受伤后，要讲究科学的救护方法，及时抢救和运送伤员，避免加重伤情。

1.救护原则

在判明情况的前提下，先救危重伤员，后护理一般伤员；先处理危及生命的严重损伤，后处理一般损伤；在不加重可能是隐蔽伤的条件下，进行明显损伤的处理和伤员的翻动、搬运。

2.救护步骤

（1）应控制和制止大出血和疏通呼吸道，这是保住伤者生命的首要环节。

（2）固定伤肢，这是减轻疼痛、避免骨折和损伤血管神经、防止伤情加重的首要环节。

（3）其他护理，如包扎、心肺复苏等。

3.现场救护要求

发生交通事故时，伤员的生死往往取决于几个简单的动作。动作不当可加重伤员的损伤，造成伤员立即死亡或终生残废。

（1）保持冷静，阻止目击者采取一些危险或不必要的动作；尽量少挪动伤员，必须挪动时，应注意头部、颈部和躯干保持在一条直线上，防止受伤部位的伤情加剧。

（2）让伤员处于侧卧安全状态，以防吸进血液或呕吐物而窒息。

（3）确定伤员是否存在阻碍呼吸的情况，观察嘴内是否有异物（如糖果、假牙、血块）等，如不能呼吸，应进行口对口人工呼吸。

（4）避免给伤员吃喝东西，如出现伤员休克，在确定伤员消化道没有损伤时，可让其饮用少量含食盐的饮料。

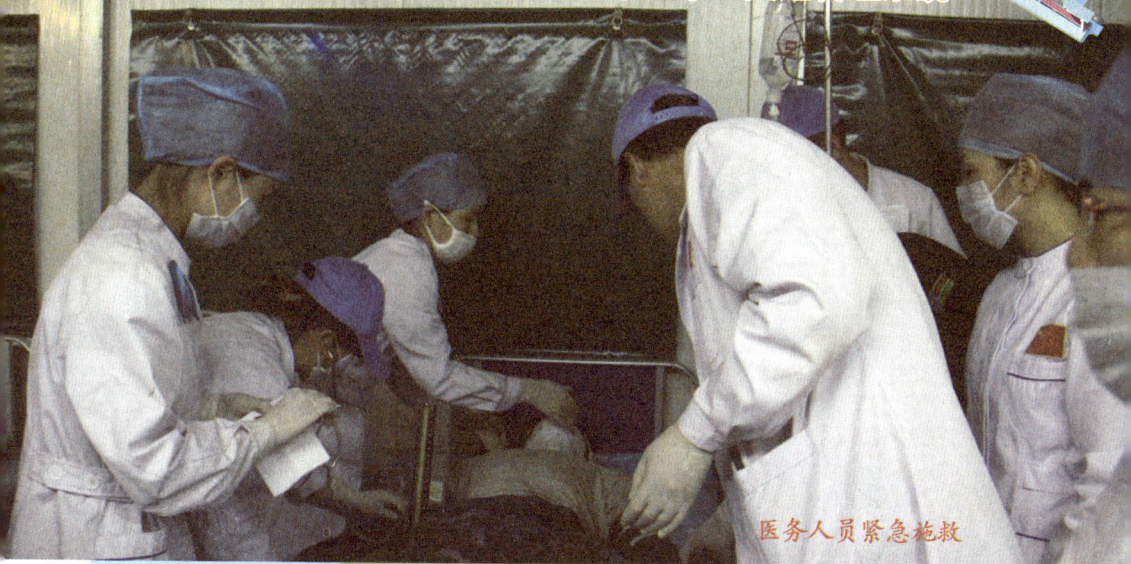

医务人员紧急施救

（5）不应当把骑摩托车伤员的安全头盔脱掉，除非有呕吐现象或呼吸停止。

（6）保护现场，设置安全警告并确保出事车辆熄火，禁止抽烟，避免因现场出现车辆溢油而发生火灾等二次事故。

（7）绝对避免把似乎已死亡的伤员丢下不管。

4. 普及急救常识

为避免交通事故中对伤者盲目急救或手足无措情况地出现，应该在机动车驾驶员和处理事故的交通民警中大力普及交通事故人体伤害的急救常识。处理事故的交通民警更应掌握一定的卫生急救常识，并可将其作为业务考核的一项内容。

另外，机动车辆应按规定配置急救包或红十字卫生箱，以防不测，当路遇事故时可及时投入救护。公安机关可将携带急救用品作为一项规章制度，凡不携带者，一律按违章行为进行处理。

对通信和医疗设备差并且事故多发的山区公路，公安交警部门应配合沿线政府，组织义务救护队，由专门医师传授急救常识，培养医疗急救人员，并配备急救必需的交通工具，以便接到报告后，立即赶到现场，抢救处理伤员。

高速公路紧急救援系统

高速公路是全立交、全封闭、中央分隔、各种安全服务设施齐全的汽车专用道，比普通公路安全，在行车总里程相等的情况下，高速公路事故伤亡人数为普通公路的 1/5 ~ 1/4。但高速公路行车速度快，交通容量大，一旦发生交通事故或交通阻塞，所造成的人身伤亡和经济损失就比普通公路严重，如果救援不及时，损失将会更大。国外观测资料表明，高速公路救援工作不及时可导致死亡人数增加 20%。

目前，我国已投入运营的高速公路还未建立紧急救援系统，使得交通事故信息获取速度缓慢，救援和事故处理反应迟钝，救援工作水平停留在普通公路上。特别是在交通量大的高速公路上，如果没有科学有效的紧急救援系统，及时对事故进行处理救援，迅速恢复交通，将会造成严重影响，甚至伴随发生二次事故。因此，在高速公路规划、设计、建设及运营的同时，应建立起相应的紧急救援系统，以减少交通事故损失。

（一）高速公路紧急救援系统的组成

1.高速公路紧急救援系统的功能

高速公路紧急救援系统就是及时获取事故信息和快速排除交通事故的系统，其功能如下：

（1）及时获取发生交通事故的信息，控制协调有关各方迅速采取行动。

（2）交通事故发生后，提供紧急服务（消防、救护、环保、车辆牵引及供应燃油等）和事故处理。

救援人员解救被困司机

（3）车辆发生故障时，提供维修服务，救助陷于困境的汽车驾驶员。

（4）对处于控制之下的匝道，立刻改变控制策略（如关闭匝道入口等）。

（5）在交通事故可能影响的范围内，为汽车驾驶员提供情报服务。

2.高速公路交通事故的检测

检测高速公路交通事故以及时获取信息，主要是利用高速公路监控系统中的监视系统，并辅助其他方法进行的。这些方法所涉及的技术都已成熟，并得到广泛利用。

电子监视：在高速公路上安装大量检测器，通过中央计算机连续监视，计算机每秒数十次扫描检测器；并分析交通量和相邻点上行方向和下行方向的占有率，从而确定是否发生了交通事故。

闭路电视：通过中央控制室的闭路电视，直接观察高速公路上设置电视摄像机地段的交通状况，迅速确定交通事故发生的时间和性质。

航空监视：警察和公路经营者采用直升机或小型飞机在高峰时间观察一个区域交通的总情况，特别是出现交通瓶颈的地方，以掌握事故动态。

呼援装置和紧急电话：由当事人或知情者以按拨相应按钮（如消防、救护、警察等）或热线电话的方式向监控中心传递事故信息。

高速路监测

驾驶员互助救护系统：利用一种辅助设备（如闪光求助监视系统），可以报告需要帮助的驾驶员的困难。

民用频道无线电：驾驶员用民用频道无线电在汽车上直接向控制中心报告事故情况。

警察和公路巡逻车：使用警察巡逻车和备用燃料、零部件及必需设备的服务车检测事故。

事故检测是迅速有效地排除高速公路事故、减少事故对交通流影响的基础，因此事故检测必须提供准确有用的实时情报，应能详细地描述事故的性质及程度，以便为处理事故而采取各种适当合理的措施。

根据我国的经济实力、道路建设等情况，在近、中期内以采用闭路电视、呼援装置和紧急电话、驾驶员互相救护系统、警察和公路巡逻车等方法检测事故更为经济有效，而且可以完全采用现有的高速公路监控系统。这些方法配合使用、互为补充，相应的检测设备合理布局、科学管理，以适应我国高速公路管理的需要。

3. 高速公路交通事故的排除

排除高速公路交通事故，需要一支多种项目的事故管理队伍，包括高速公路经营者、交通警察、公路养路队、医疗、消防、环卫、车辆维修、救助等有关方面。救援控制中心根据事故检测信息，利用各种通信设备安排必要的排除事故的措施。救援措施一般包括：

参与高速路救援的直升机

（1）提供诸如警察、消防和救护一类的紧急服务；

（2）维修和牵引车辆；

（3）改变控制方案；

（4）提供驾驶员情报。

由于高速公路远离城市，增加了利用城市现有的医疗急救、消防、环卫系统的难度，因此应建立适合我国国情的高速公路紧急救援系统的体制。

（二）高速公路紧急救援系统的体制和救援过程

高速公路紧急救援系统对于确保高速公路的"安全、畅通、高效"起着重要的作用，紧急救援系统的体制必须科学合理。

从系统管理的角度出发，依据现行法规，尽可能地发挥有关部门的优势和能力，实现我国高速公路紧急救援系统体制的构想。

高速公路紧急救援体制应采用立法的方式予以确认，使有关部门在法律上有着不容推卸的责任，从而保证紧急救援系统的有效运转。在确立体制之后，由高速公路监控中心以现有的消防、医疗急救等部门为基础，形成全天候运转的紧急救援实体，配备经过训练的救援人员和必要的设备、车辆，监控中心还要制订出总体的、具体的救援方案并组织演练。

交通管制

　　高速公路紧急救援的实施过程如下：监控中心的控制负责人与值班警察紧密配合、协调工作，在获取事故信息后，双方互通情况，提出要求，进行指挥；交通警察按值班警察的指令抵达事故现场后，及时将有关信息反馈给控制室，同时在现场进行必要的交通管制；控制室立即改变控制方案，并由驾驶员提供有关情报；救援系统的各方应按照控制负责人相应作出的指示赶赴现场，进行处置。事故的活动全部由警察指挥，在事故勘察处理完毕后，迅速解除交通管制，恢复正常交通。

知 识 链 接

城市里为什么要修过街天桥

　　过街天桥是现代化都市中协助行人穿过道路的一种建筑，修建过街天桥可以使穿越道路的行人和道路上的车辆实现完全的分离，保证交通的通畅和行人的安全。最常见的人行过街天桥是跨越街道或公路的，也有跨越铁路、轻轨的过街天桥，另外，还有一些过街天桥修建在立体交叉路口，与立交桥的建筑融为一体。

　　与人行横道相比，过街天桥的造价要高得多，另外，对于年老体衰者和残疾人来说，过街天桥会增加他们出行的不便；但过街天桥实现了行人和车流的完全分离，行人的安全更有保障，车辆的行使也更加畅通。与地下通道相比，过街天桥的造价更低，工期也更短，同时还不会影响道路的承重能力。因此，在城市中过街天桥备受青睐。

第五章　交通信息控制系统

　　当今控制技术在交通领域的应用，主要是将采集到的交通信息反馈到控制系统，实施控制策略。本章内容分为三大部分，第一部分介绍道路交通控制，主要是针对城市道路交叉口的信号控制；第二部分介绍高速公路（快速路）的交通控制；第三部分则介绍轨道交通中的列车自动运行控制技术，主要包括基于轨道电路的列车运行控制系统和基于无线通信的（CBTC）列车运行控制系统。

第一节　认识交通信息控制系统

城市道路交通控制的发展

　　城市交通控制系统的起源是交通自动信号灯的诞生。英国于1868年在伦敦安装了世界上第一台交通信号灯，揭开了城市交通信号灯控制的序幕。1918年纽约街头出现了新的信号灯，这是与当今使用的信号灯极为相似的红黄绿三色灯，它是由人工操作的。1926年，英国人首次安装和使用自动化的控制器来控制交通信号灯，标志着城市交通自动控制的开始，但鉴于当时的信号灯主要采用机电设备连锁的定周期控制方式，因此，数据处理能力有限，信号灯之间的协作也很少。1952年，美国科罗拉多州丹佛市首次利用模拟计算机和交通检测器实现了交通信号机网的配时方案选择式信号灯控制系统，称为"PR"系统，其核心技术是单点感应控制原理在交通网络中的应用，在线通过抽样数据计算绿信比和相位差，这种控制十分有效。1946年世界上第一台数字电子计算机在美国问世，使交通工程师们感到了无比的欣喜。1964年，加拿大的多伦多市完成了数字计算机控制信号灯的实用化，并成为世界上第一个具有电子计算机城市交通控制系统的城市，从此开始了交通控制发展史的新纪元。1967年英国运输与道路研究实验室［TRRL］成功地研究出交通网络研究工具"TRAN-SYT"，用于脱机优化配

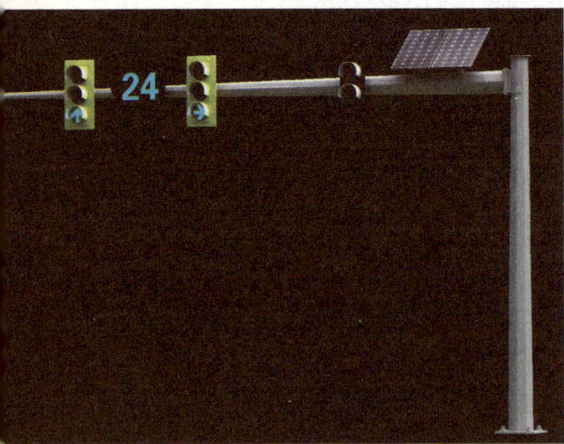

数字化交通灯

时方案，它的广泛应用，把交通控制技术推向更高的发展阶段，后来在"TRANSYT"的基础上开发了"SCOOT"系统，澳大利亚又开发了"SCATS"自适应控制系统，这成为当时世界上两个最优秀的城市交通信号控制系统。

由于新矛盾的不断出现，最新的科技成果不断应用到交通控制中，促进了交通控制向成熟、高科技含量方向发展。纵观其发展历程，主要经历了以下几个阶段：

（1）定时控制向协调控制发展

早期的交通信号自动控制都是采用固定周期单点（单一路口）控制方案，比如单点定周期自动信号机和感应式自动信号机等。这种控制方案在交通量不大的情况下效果比较好，但是对与时间关系密切的路口（如节假日、上下班时间）以及大交通流量的情况，它就不能满足客观需要了，于是产生了单点多时段控制方案——不同的时间段采用不同周期。这种方案只能实现某单一路口的交通流量的最大化，而不能实现交通流在整个路段的连续运动和路段流量最大化。因此产生了信号协调控制系统。

（2）感应信号控制

20世纪30年代初期，美国各城市相继出现了车辆感应式信号机，它可以自动测量目前各方向的车流量，然后根据车流量实时控制各方向的信号灯。它可以有效地减少车辆在交叉路口的延误。

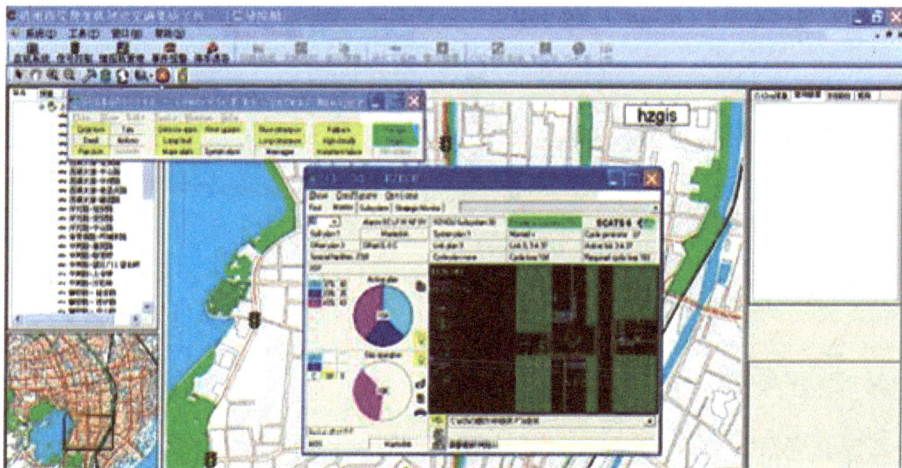

模拟计算机交通信号控制系统

（3）计算机的应用

美国的交通控制的模拟计算机交通信号控制系统（简称"PR"系统）、英国的 TRANSYT 交通控制系统，以及后来在 TRANSYT 的基础上开发的 SCOOT 系统、澳大利亚的 SCATS 系统，这些系统都将计算机技术应用到交通信号控制中。

城市道路交通控制发展阶段的技术模式又可以分为如下 5 种：

①原始模式

原始模式应用于道路交通发展的早期，交通技术原始落后，道路简陋，运输工具也多为人力或畜力车。它的特点是：技术含量低，运载工具和交通基础设施比较原始，道路上人、车、畜混杂，路况差，交通效率低等。

②机械模式

机械模式阶段有了机动车与非机动车之分，道路上的车辆相对较少，建立了较完善的交通规则，有些地方还出现了固定的信号控制系统。它的特点是：控制系统采用简单的机械方式运行，通过路口信号灯完成单点、定时信号控制功能。该阶段中的交通控制系统不能根据交通流的实际情况做出相应的动态调整，柔性很差。

③生物模式

交通的发展使机械模式不能满足人们的需求，于是产生了生物模式，即模仿生物适应环境的能力，产生了感应方式，实现在交通管理中的实时控制，不断适应最新交通状况。生物模式的任务是疏导交通、实现诱导控制、采用仿真生物感应方式，来满足交通疏导的要求。在生物模式阶段，信号控制功能由中心计算机控制系统实现，能够进行系统辨识和最优控制。

④智能模式

随着通信技术、GPS 技术、计算机网络技术、视频技术、传感技术和诱导技术等的不断发展和完

信号灯时间是智能配比的

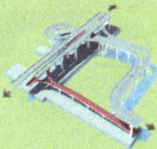

善，将它们综合应用于现代交通系统中，形成智能化道路交通运输系统。智能模式阶段加强了道路、车辆和驾驶员三者之间的联系。借助系统的智能，驾驶员能够了解实时交通状况，管理人员则对车辆的行驶状况更为清楚，提高了道路的安全性及系统的工作效率。

⑤全球智能模式

全球智能模式的特点是世界各国智能交通控制都有一定的发展，尽管各国的交通控制采用的形式和技术不尽一致，但具有标准的系统模块、技术模块接口和兼容性。它是将各个交通控制子系统衔接起来，构成综合交通控制系统，而各地区、各国的综合交通控制系统则作为新的子系统，它们相互连接，构成全球智能模式。

SCATS 系统

SCATS 系统是一种实时自适应控制系统，由澳大利亚从 20 世纪 70 年代开始研究，1980 年后陆续在多个城市投入使用。我国部分城市也引进了 SCATS 系统。

SCATS 的控制结构为分层式三级控制，即中央监控中心→地区控制中心→信号控制机。在地区控制中心对信号控制机实行控制时，通常每 1 ~ 10 个信号控制机组合为一个"子系统"，若干子系统组合为一个相对独立的系统。系统之间基本上互不相干，而系统内部各子系统之间存在一定的协调关系。随交通状况的实时变化，子系统既可以合并，也可以重新分开。三项基本配时参数的选择都以子系统为核算单位。

中央监控中心负责对整个系统进行监控和管理，其基本功能包括：

（1）为交叉口及协调控制系统的控

SCATS 系统是澳大利亚应用的

制方案设计提供集中式计算机辅助设计工具。

（2）利用计算机辅助设计程序，自动生成各信号控制器所需控制参数及整个协调控制系统所需数据。

（3）提供集中监控功能，即监视 SCATS 系统的运行情况，有计划、系统地为配时方案的选择提供最新的交通数据，以适应不断变化的实时交通状况。

（4）对控制方案基本数据进行安全保护，确保各项数据的安全，只有授权人员才能修改数据。

（5）自动监视和记录系统故障，便于及时抢修，从而缩短故障时间，且故障信息综合数据库可提供故障信息的统计数据。

（6）可直接监视路网上发生的交通事故或车辆故障造成的堵塞，从而可迅速进行现场处理。

SCATS 在对若干子系统进行整体协调控制的同时，也允许每个交叉口"各自为政"地实行感应控制，前者称为"战略控制"，后者称为"战术控制"。战略控制与战术控制的有机结合，大大提高了系统的控制效率。SCATS 正是利用了设置在停车线附近的车辆检测装置，才能这样有效、灵活地进行交通控制。SCATS 实际上是一种用感应控制对配时方案作局部调整的方案选择式控制系统。

SCATS 系统具有以下特点：

（1）检测器安装在停车线处，不需要建立交通模型，因此其控制方案不是基于交通模型的。

悉尼的 SCATS 系统信号灯

（2）周期、绿信比和相位差的优化是在预先确定的多个方案中，根据实测的类饱和度值进行选择。

（3）系统可根据交通需求改变相序或跳过下一个相位（如果该相位没有交通请求的话），因而能及时响应每一个周期的交通需求。

（4）可以自动划分控制子区，且

具有局部车辆感应控制功能。

SCATS 系统的缺点包括：

（1）未使用交通模型，本质上是一种实时方案选择系统，因而限制了配时方案的优化程度，灵活性不够。

（2）检测器安装在停车线附近，难以监测车队的行进，因而绿时差的优选可靠性较差。

SCOOT 系统

SCOOT 是由英国运输与道路研究所与 3 家公司于 1973 年开始联合开发的实时自适应控制系统，1979 年正式投入使用。经过 20 多年的发展，SCOOT 系统进行了多次升级，目前全世界共有数百个城市正在使用该系统。

SCOOT 是在 TRANSYT 的基础上发展起来的，其模型及优化原理均与TRANSYT 相似。不同的是 SCOOT 是方案形成式的控制系统，通过安装于上游交叉口出口道车速运行稳定的断面上的车辆检测器，采集车辆到达信息，进行联机处理，采用小步距连续微调方式形成控制方案，并实时调整绿信比、周期时长及相位差等参数，使之同变化的交通流相适应。SCOOT 优化采用小步长渐近寻优方法，无须经过大的计算量。此外，对道路网上可能出现的交通拥挤和阻塞情况，SCOOT 有专门的监视和应对措施。它不仅可以随时监视系统各组成部分的工作状态，对故障自动发出报警，而且可以随时向操作人员提供每一个交叉口正在执行的信号配时方案的细节情况，每一周期的车辆排队情况（包括排队队尾的实际位置）以及车流到达图式等信息，也可以在终端设备上自动显示这些信息。

SCOOT 系统的原理及组成与TRANSYT 系统类似，SCOOT 系统的核

英国街头的信号灯

心也是由交通模型和配时参数优化两部分组成。二者的不同之处在于：TRANSYT 是离线的而 SCOOT 是在线的，SCOOT 系统以实时测量的交通数据为基础，用交通模型进行配时优化。

SCOOT 系统主要由 4 部分组成：①交通数据的采集和分析；②交通模型；③交通信号配时参数的优化及调整；④信号系统的控制。

系统将车辆检测器采集的交通信息经过处理后形成周期流量图式，然后与预先存储在计算机中的静态参数，如连线上车队运行时间、信号相位顺序及相位时间等一起在交通模型中进行计算。SCOOT、优化程序由此计算出信号配时的最佳组合，得到的最佳配时方案被立即送到信号机予以执行。SCOOT 优化程序采用频繁的小增量寻优方法以跟随 CFP 的瞬间变化，即信号配时可随 CFP 的变化而相应地做微小调整，这样可以保证配时方案的调整不会对交通流的运行带来大的干扰，但在时间上又可以累加起来产生一个新的协调控制模式。

SCOOT 系统是一种两级结构，上一级为中央计算机，下一级为路口信号机。交通量的预测和配时方案的优化在中央计算机上完成；信号控制、数据采集、处理及通信在信号机上完成。下面简要介绍 SCOOT 系统的各主要组成部分。

（1）交通数据检测

①检测器

SCOOT 使用环形线圈检测器实时地检测交通数据。为避免漏测和复测，线圈采用 2 米 × 2 米方形形。在路边不允许停车的情况下，可埋在车道中间。所有车道都要埋设传感器，一个传感器检测一条或两条车道，两条车道合用一个传感器时，传感器可跨在分道线中间。

②检测器位置

SCOOT 通过实时检测，达到能实时预测停车线上"到达"流量图式和系统效能指标（PI 值）的目的，所以检测器的合适位置是设在离停车线相当距离的地点，通常设在上游交叉口的出口，离下游停车线尽量远。选择设置检测器地点时，要考虑下列因素：

a. 当两交叉口间有支线或中间出入口，且其交通量大于干线流量的 10% 时，尽可能把检测器设在该支线或中间出入口的下游，否则需在支线

或出入口上设置补充检测器。

　　b. 检测器应设在公交车停靠站下游，避免其他车辆因绕道而漏测。

　　c. 检测器应设在人行横道下游。考虑到车辆通过传感器的车速要求基本上等于该路段上的平均车速，传感器离人行横道至少应为 30 米。

　　d. 检测器设在离下游停车线距离至少相当于行车时间 8 ~ 12 秒的路程或一个周期内车辆最大排队长度以上。

　　这样设置检测器的优点包括：

道路传感器

　　a. 可实时检测当前周期流量，实时预测到达停车线的周期流量图。

　　b. 可实时检测当前周期排队长度，避免因车辆队尾越过上游交叉口而加剧交通堵塞。

　　c. 可实时检测车辆拥挤程度。

　　这样设置检测器的缺点是，不如设在靠近停车线处能实时检测饱和流量并执行感应控制的功能。

　　③车流数据的采集

　　SCOOT 检测器可采集的交通数据包括：

　　a. 交通量。

　　b. 占用时间及占用率。占用时间即传感器感应有车辆通过的时间；占用率是占用时间与整个周期时长之比。

　　c. 拥挤程度。用受阻车队的占用率来衡量，SCOOT 把拥挤程度按占用率大小分为八级（0 ~ 7），称为拥挤系数。拥挤系数有时也作为 SCOOT 配时优化的目标之一。

　　为了能准确采集到检测器有车通过与无车通过的时间，采样周期要足够短。SCOOT 检测器每 0.25 秒自动采集一次各检测器的感应信号，并作分析处理。

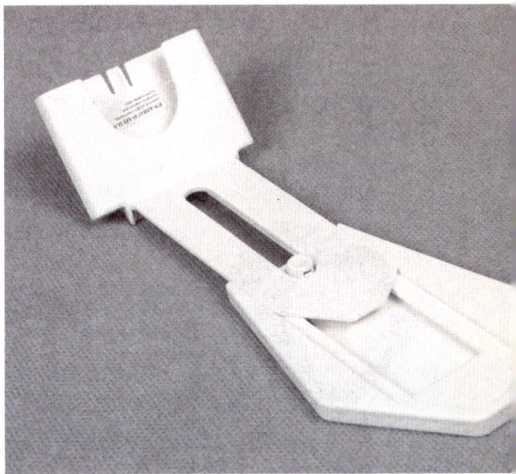

（2）系统子区划分

SCOOT 系统子区划分由交通工程师预先判定，系统运行就以划定的子区为依据，运行中不能合并，也不能分拆，但 SCOOT 可以在子区中有双周期交叉口。

知识链接

中国快速公交系统

2004 年国内首条快速公交线路在北京开通，拉开了中国快速公交建设的序幕，预计未来中国快速公交系统的总长度可以达到 300～500 公里，日客流量为 200～400 万人次。北京、上海、天津、重庆、沈阳、杭州、成都、西安、昆明、济南、石家庄、南京、武汉、福州、宁波等城市都在有序地推进快速公交系统的规划或建设工作。现在，中国已有 10 座以上城市建成快速公交系统，满足日益增长的出行需求。

第二节　交通信号控制设备

交通信号控制设备

现代交通信号控制系统由软件和硬件两大部分设施组成。信号配时方案、信号控制的总体设计方案、系统的交通仿真与优化及其有关的系统程序、控制程序、操作程序，包括数据管理系统、系统维护运行手册、程序

说明与框图等软性设施，都属软件设施。现代交通控制系统中的装备，如信号灯、交通检测器、信号控制机、中央控制计算机、信息传输设施、情报设施、显示装置、电视监视设施等实际装备，叫做硬件设施。下面对车辆检测器和信号控制机作简要介绍。

1. 车辆检测器

车辆检测器用于了解各路口的交通量情况，它一方面提供给本地信号控制机，对各相位进行切换；另一方面，传输给指挥中心，以便发布诱导信息，对阻塞路段进行交通流量调节。通过车辆检测器对路口每个车道的车流数据进行自动采集、处理和存储，可为改善城市交通控制和城市规划提供决策依据。

车辆检测器主要有环形线圈、超声波、雷达、视频识别器等。在交通控制系统中，

车辆检测器

环行线圈是目前得到最广泛使用的车辆检测器，一般被埋设在停车线上游60米处，当车辆通过时，检测器的电气特性发生变化，从而可测定相应的交通信息。

2. 交通信号控制机

交通信号控制机的用途有以下两个方面：一是操纵一个或几个交叉口的信号灯；二是把几个交叉口的控制机连接到一个主控制机或主控计算机上，从而形成干道线控制或区域控制系统。

（1）现代交通信号控制机的基本功能

①根据预先设定的配时方案或感应控制方案操纵信号灯色的变换。

②处理接收检测器送来的脉冲信号，并根据这些信息按预先设定的方案操纵信号灯。

③接收从主控制机或主控计算机发来的指令，并根据指令按预先设定的方案操纵信号。

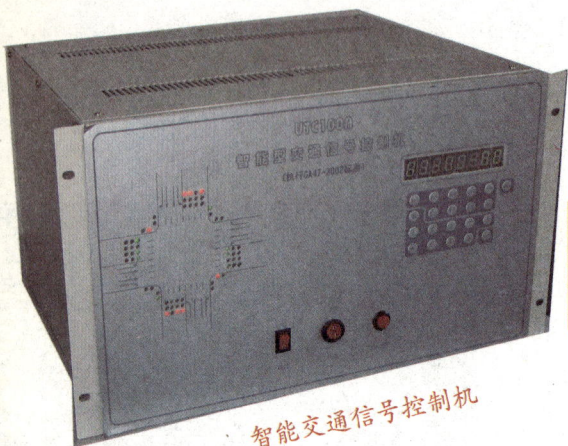

智能交通信号控制机

④用小型计算机或微处理机的信号控制机，还可以收集检测器的交通信息，处理并存储这些数据，或根据命令把这些数据传送给主控计算机。

（2）信号控制机分类

信号控制机按其不同控制方式主要可分为定时信号控制机、半感应信号控制机和全感应信号控制机3类。

①定时信号控制机

定时信号控制机是最简单、最经济的一种控制机。把定时信号配时方案在这种控制机内设定之后，这种控制机即以设定的配时方案操纵信号灯，以固定的周期及各灯色时间轮流启闭各向信号灯。定时信号控制机又可分为机电型和电子型两类。

机电型控制机由同步电动机、定时刻度盘、定时键、控制周期时长的齿轮、凸轮轴、凸轮、凸轮启动装置等部件组成。周期时长设定在周期齿轮上，由电动机带动周期齿轮，周期齿轮又带动定时刻度盘转动。定时键分布在刻度盘的槽内，刻度盘槽上以百分数刻度，定时键在槽内标定各相位各灯色时间的起始点；绿时差键在度盘的内圆上，标定各交叉口间的绿时差。定时键带动凸轮轴转动，改换信号灯色。这种控制机一般装有 1～3 个刻度盘，每个刻度盘上设置一套配时方案，故最多可设置 3 套配时方案，通常用于上午高峰期、下午高峰期和非高峰期。这种类型的信号控制机使用可靠、易于维护。

电子型控制机把各功能部分都做成集成电路板插入板座内，总机运行时实现各项操作功能。定时信号的配时方案做成线路板，并使用插销式、数字键盘式或字轮式等各种配时盘来设置配时方案，把销钉插入选定配时的槽内，按不同编码的数字键盘或用拇指旋转字轮，都可设定所要的配时方案，从而使设定配时更精确、更方便。集成电路信号控制机一般都做成

多功能控制机，使控制机的设计更为灵活，只要增、减线路板，即可设计不同类型的控制机。这种类型的信号控制机维护十分方便，发生故障时，只要把故障线路板换下即可。

②半感应信号控制机

半感应信号控制机有机电式和集成电路式两种，但大都采用后者。半感应信号控制机随检测器设置的位置提供感应控制。一种是对主要道路之外的所有信号相位提供感应控制，对次要道路不执行感应控制，因为次要道路没有车辆或已经达到次要道路的最大配时时间时，道路通行权总要转给主要道路这一方。另一种半感应信号控制机，使用对次要道路有感应作用的定时信号控制机，次要道路方向来车的信号，在车辆通过后通行权归还主要道路。这种信号控制机包括了定时信号控制机的一切特点，还增加了几个继电器以提供相位跳过功能。

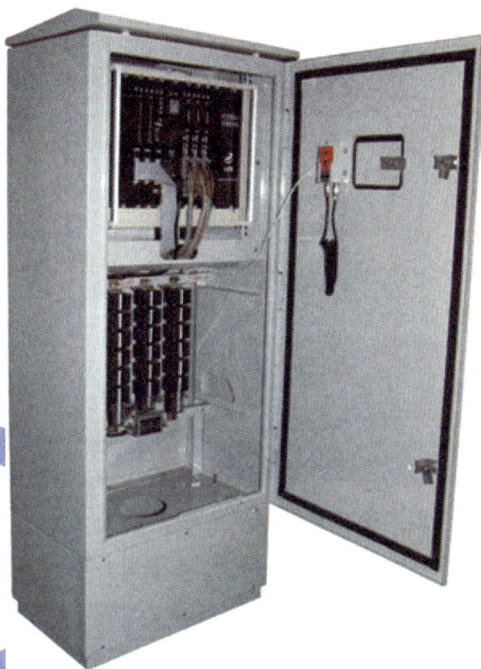

HT2000 交通信号控制机

③全感应信号控制机

全感应信号控制机对所有信号相位都执行感应控制，可以对一个简单的十字交叉口进行控制，也可以对 4 个进口均有左转专用车道的十字交叉口或有 4 个以上入口的复杂交叉口进行控制。全感应信号控制机有多种形式，但其工作原理是相似的，即对交叉口所有进口道的检测器进行交通检测，并根据各个进口道的车辆要求安排道路通行权。

（3）主控制机与智能信息机

①主控制机

主控制机也称为中心控制机，在线控或面控系统中用于操纵其他交叉口控制机。为此，在主控制机同其操纵的控制机之间必须有通信联系，把各交叉口的交通数据传送到主控制机，主控制机接收到数据作出控制决定

行人过街式交通信号控制机

后，把控制指令再下达到各交叉口控制机。所以也把这种控制机称为上位机，而把受它操纵的控制机称为下位机。

②微处理器信号控制机

微处理器信号控制机是第三代的智能信号机，具有交通量检测、环境监测、多时段多相位、自适应协调、通信联网功能与路况信息发布功能的综合系统。其大部分功能由软件来完成，通常用键盘输入编制的程序，配时程序储存在随机存取存储器内，其他编程数据和控制机本身的操作程序储存在可编程序只读存储器（EPROM）内。所以这些软件修改十分方便，即使有些固化在只读存储器内的专用软件，也易于通过更换只读存储器芯片来改变。使得其灵活性和扩展性大为提高，所以多做成多功能的通用控制机。此外，这种控制机都具有信号冲突与设施故障自检与显示的功能，可靠性高、体积小、性价比超过集成电路控制机。

前述多功能集成线路控制机及微处理控制机大多可用作主控制机。

交通信号灯

1.交通信号灯的分类

（1）按用途分类

可分为车辆交通信号灯、行人交通信号灯和特种交通信号灯3种。其中，特种交通信号灯包括方向交通信号灯，吊桥、窄桥、隧道信号灯，道路、铁路平交道口信号灯和闪光警告信号灯。

（2）按操作方式分类

可分为定周期控制信号灯和感应式控制信号灯。其中，感应式控制信号灯又可细分为半感应式和全感应式2种。

（3）按控制范围分类

可分为单个交叉口控制信号灯（简称点控）、干道联动控制信号灯（简称线控）和区域交通控制信号灯（简称面控）。其中，干道联动控制信号灯又可分为有电缆线控制信号灯和无电缆线控制信号灯2类。

（4）按色光分类

可分为红色信号灯、黄色信号灯、绿色信号灯、箭头信号灯、闪烁灯和及时信号灯。

2. 灯色规定

早期的交通信号灯只有红、绿两种灯色，绿色表示"允许"，红色表示"禁止"。后来随着车辆的增多和驾驶员争道现象的日益严重，又出现了黄色灯，对驾驶员争道起预警作用，黄灯亮表示红灯即将亮，车辆需停止。为了应对日益突出的交叉口交通冲突问题，信号配时技术不断进步，相继出现了各种时间分离方法，产生了符合多种时间分离方法的多样化的现代信号灯。除了红、黄、绿三色灯以外，还出现了指示方向的箭头灯、闪烁灯以及倒计时指示灯等。

3. 信号灯的形式与灯色排列

各种信号灯的安装次序有统一的规定，以便于驾驶员分辨。信号灯次序安排的原则是将重要的灯色放在重要的位置，其次序安排有竖式和横式两种。

（1）竖式

①普通信号灯。灯色排列自上而下依次为红灯、黄灯、绿灯。

②带有箭头灯的信号灯。可分为单排式信号灯和双排式信号灯两种类型。对于单排式，一般自上而下依次为红灯、黄灯、绿灯、直行箭头灯、左转箭头灯、右转

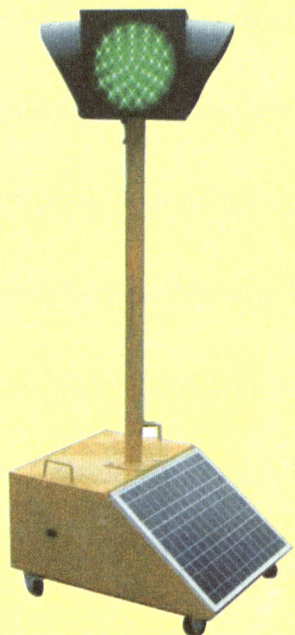

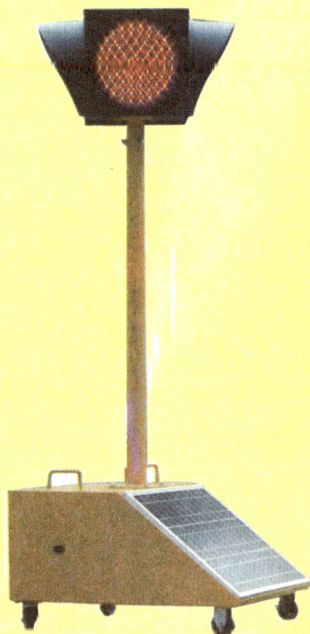

移动式交通信号灯

143

箭头灯，中间可省掉不必要的箭头灯；当同时装有直、左、右3个箭头灯时，可省掉普通绿灯。对于双排式，一般在普通信号灯里侧加装左转箭头灯，或左转和右转箭头灯，或左转、直行、右转3个箭头灯。

（2）横式

①普通信号灯。灯色排列由里向外依次为红灯、黄灯、绿灯。

②带有箭头灯的信号灯。对于单排式，一般由里向外依次为红灯、黄灯、左转箭头灯、直行箭头灯、右转箭头灯，或红灯、黄灯、左转箭头灯、绿灯，或红灯、黄灯、绿灯、右转箭头灯。对于双排式，一般在普通信号灯下方，由里向外依次为左转箭头灯、直行箭头灯、右转箭头灯，中间可省掉不必要的箭头灯。

竖式信号灯

信号灯的安装位置与要求

交通信号灯的安装，应按其各自的功能和不同的用途以及设置地点的环境条件进行合理的安排。特别是各种功能信号灯的灯色要严格按规定使用，如交通控制信号灯的红色和绿色不能与车辆引导灯的红色和绿色混同，应在浓淡和亮度甚至色调上有所区别。其他如施工、事故现场警示灯等更应与交通控制信号灯的颜色保持较大差别，以免出现灯色混淆的情况。不同种类的信号灯绝对不能在一个平面中出现，应尽量保持一定距离。

交通信号灯的安装，要求最严的是交通控制信号灯和人行横道灯两种。交通信号灯中最主要的就是交通控制信号灯，故一般就将其称为交通信号灯，其安装要求可分为以下几点。

1.交通信号灯的安装位置

交通信号灯安装位置的形式有A式、B式和C式3种。

（1）A式交通信号灯

A式交通信号灯应安装在道路右边进入路口转角圆曲线的起点，并尽量使信号灯的位置前移以缩小路口范围，便于车辆迅速通过路口。在设有机动车与非机动车隔离设施的路口，灯杆应置于隔离设施处，灯架的伸臂不必加长，但在非机动车道必须设立非机动车用的交通信号灯。

（2）B式交通信号灯

B式交通信号灯安装在道路右边的正对面路口处。这种安装位置的优点在于：一是便于合理地安排人行横道和停止线；二是信号灯前没有树木遮挡的影响，便于识别。

（3）C式交通信号灯

C式交通信号灯安装在路口中心。如果路口较宽，可将信号灯安装在中心岗亭或岗台顶部；在较窄的路口可采用悬吊方法。吊灯制作简单，安装方便，价格也便宜。这种安装位置的优点是：可减小驾驶员在观察信号中的视线偏心角，有利于信号的识别，也有利于对其他情况的观察。

人行横道信号灯应安装在人行横道两端，灯面正对人行横道。

2.交通信号灯的安装要求

（1）加设遮光罩

信号灯的每个灯头上方应设置遮光罩并涂以黑色，用来吸收外来光线及避免反光。

夜景中的交通信号灯

人行道信号灯

（2）要有足够的亮度

为使驾驶员在 150 米以外能辨清信号，在使用透镜直径为 25 厘米的信号灯时，红色灯需有 310cd（坎德拉）的光强度、绿色灯有 360cd 的光强度，方可达到其亮度要求。

（3）要有适当的高度和角度

信号灯的安装高度应该满足建筑限界的规定。一般道路，信号灯最低处到路面的净空高度必须确保 4.5 米，高速公路的净空高度必须确保在 5.0 米以上。考虑到施工误差，路面加罩面等因素，须留一定的余量。

信号灯的角度应与车行道距停车线 150 米处相对，较宽（单向 2 ~ 3 个车道）的道路，应与中心线有 2° ~ 3° 的转角。

非机动车信号灯和人行横道信号灯，其高度最低处应距地面 2.5 米左右；弯道处的信号灯一般采用横向水平式，其他要求与交通控制信号灯相同。

知 识 链 接

空中怎么进行交通管制呢

空中交通管制主要有程序管制和雷达管制两种方法。程序管制不需相应监视设备的支持，空中交通管制员通过飞行员的位置报告，了解飞机间的位置关系，推断空中交通状况及变化趋势，从而指挥飞机起飞或降落。这种方法是我国民航管制工作在以往很长一段时间内使用的主要方法。雷达管制是一种先进的管制方法，交通管制员根据雷达提供的信息，及时、准确地掌握航空器的位置及飞行状态，从而进行有效的调度。

第三节　高速路交通控制

城市高速公路交通控制

在高速道路建设完成的初期，高速道路有效地改善了城市的交通状况。然而随着交通量的快速增长和缺乏对高速道路的控制，高速道路的阻塞现象屡见不鲜，所以如何采用合适的控制方法最大限度利用好耗费巨资修建的城市高速道路非常重要。

高速公路根据行车需要，沿线设置了轮廓标志、警告标志、禁令标志、限速标志、指示标志、地点里程标志等多种标志和标线，所有这些标志和标线全部采用定向反光材料制成，对在高速公路上夜间行车起到了醒目鲜明的提示作用。但是，高速公路的特点和运营经验表明，这些应用于道路交通的固定不变的交通标志，远远不能满足在高速公路上行车的需求，需要设置信息转换快、分辨率高、可视性好、工作可靠并适合高速公路全天候运营的可变标志。因此，一些高速公路管理单位在距收费站入口2000米左右的位置安装了龙门架式可变情报板，作为道路信息发布系统显示终端。采用高亮度发光二级管制作的可变情报板显示道路运营的图文信息。

城市高速交通

147

目前，高速公路交通控制系统主要由信息采集子系统、监控中心和信息提供子系统三大部分组成。信息采集子系统包括：车辆检测器、气象检测器、紧急电话和巡逻车。信息提供子系统包括：交通标志、标线、信号灯、可变情报板、可变限速标志牌。道路运营信息可分为：路况信息、气象信息、安全行车信息和其他信息4种。信息收集一般采用人工收集、仪器收集、其他动态信息收集等方法。

①人工收集。通过人工目测观察、收听气象预报、道路巡逻反馈信息、道路施工通报、监视器可视范围的路况信息来实现。

②仪器收集。在电子监控数据定量分析的基础上进行的计算机自动控制。这种方法主要是通过车辆检测仪和气象监测仪来实现的。

③其他动态信息主要通过道路紧急救援电话，由在高速公路上行进车辆的司乘人员提供的路况信息来实现的。

作为高速公路监控指挥系统的重要外场设施的可变情报板、可变标志牌、气象监测仪、车辆检测仪、在高速公路智能化管理和提高运营效率方面起着重要作用，它在道路交通监控指挥中心的控制下，向道路使用者提供道路运营状态信息、气象信息和行车安全信息。同时，高速公路管理部门通过可变情报板、可变限速标志牌发出各种道路运营信息和指挥命令，来调节交通流，使车辆安全、舒适、快捷地在高速公路上运行。

高速公路监控系统是在普通道路交通控制系统基础上发展起来的，近年来，随着信息技术的发展，高速公路监控系统的技术结构也随之发生变化，由单一的计算机集中处理方式代之为多计算机功能分散的计算机网络处理方式，从而使系统可靠性提高，程序编制简单，易于维护和功能扩展。从目前运行情况看，基本可以满足道路运营需要，但现有的控制系统对将来道路运输发展的服务是很有限的，整个信息系统还有待于进一步完善。

多匝道协调控制

多匝道协调控制算法可归成3种类型：定时式TOD型、交通响应型和混合型。

（1）定时式 TOD 型控制

TOD 入口匝道控制算法产生于 20 世纪六七十年代，它通过对整个高速道路网络系统在过去一段时间间隔内流量的研究和分析，进而对将来高速道路系统的状态变量（流量、密度、速度、入口队长等）做出估计和预测。在此基础上，对高速道路网络的流量进行控制。一般说来，其中比较常用的方法是线性规划法 LP。其基本思想是以高速道路主线上的交通量不超过其通行能力为约束，流入高速道路的最大交通量为目标函数，并利用 LP 方法进行求解入口速率。此方法建模简单，计算方便，但只是一种理想的数学模型，没有考虑实际中入口匝道交通需求和路网上的交通状况随时间的变化对控制解的影响，所以实用性不是很大。在此基础上进行的一些改进，比如同时考虑各区通行能力、行驶速度、出入匝道排队长度等约束条件的流入交通动态控制方法，改进了传统的 LP 流入交通控制方法。

TOD 算法主要应用于周期为 10 ~ 30 分钟的时间间隔，TOD 算法的缺点是：对于交通事故、突发事件，系统缺乏相应的处理能力。虽然高速道路系统的状态变化有一定的规律，但实际的变化相当大，从而使得一些 TOD 参数的估计变得不是很准确，因此 TOD 算法的效力十分有限。

城市交通的上下匝道

149

（2）交通响应型控制

由于 TOD 算法的局限性，许多学者开始研究可以适应交通状况变化的局部响应型控制算法，局部交通响应控制算法通过对本地高速道路网络的状态变量（流量、密度、速度、入口队长等）进行实时监测，进而达到高速道路流量控制的目的。另一种局部响应算法则是用于将车辆从本地低速道路导入到高速道路的空隙中去。这种算法是闭环反馈式，它把实时检测数据当成反馈信息，依此实时确定最优的入口流率。所以，响应式控制可以预防和消除常发性拥挤和突发性拥挤，但这种算法的应用面比较狭窄。近来比较流行的算法则尝试在观察到的干道状态变量和未知的干道状态变量之间建立起某种函数关系，从而有效地控制高速道路的流量。模糊控制、神经网络和专家系统理论在这种系统中得到了大量的运用。

局部交通响应控制算法的缺点是：各个局部控制器之间缺乏统筹协调；没有考虑局部优化对整个高速道路网络系统的影响。

（3）混合型控制

在上述交通响应型和定时 TOD 型入口控制算法的基础上，发展出了多种混合型、改进型的高速道路入口匝道控制算法。高速道路系统的状态虽然有其规律性，但是实际上在具体时刻系统的状态往往同根据历史记录得到的预测值有很大的差距。针对这一点，这些改进型算法允许系统既可以跟踪潜在的变化趋势，又能够及时对当前不规则的流量作出反应。对于复杂的大规模多变量入口匝道控制问题，可以采用将问题分解成更小规模的可以单独分别进行优化的子问题的方法。另外，许多混合型算法通过采用分层结构，结合了轮时改进算法和空间分解改进算法来解决大规模的入口匝道控制算法。

主线控制

高速公路的主线交通控制就是当道路交通需求接近通行能力时，对主线上交通流进行调节与诱导，使之比较均匀、稳定。这种主线控制对常发性和偶发性交通拥挤都是有效的。常用的主线控制方法有主线调节、速度

控制、车道使用控制及驾驶员信息系统等。

（1）主线调节

主线调节主要是根据输入的交通需求和上游的通行能力，对经由主线进入高速公路控制路段的交通流实行控制，使该段下游高速公路能保持期望的服务水平，或对载客率较高的公共汽车、合用客车给予优先通行权。

（2）速度控制

速度控制是通过设置可变限速标志限制行车速度，使交通高峰期间的交通流更加均匀、稳定，从而提高道路通行能力。

（3）车道使用控制

车道使用控制不仅是一种紧急控制手段，而且也是合理分流车辆，减少拥挤，提高道路通行能力和向公共交通、合用车辆提供优先服务的手段。常用的有：

①车道关闭控制。当某车道上发生交通事故或安排施工作业时，暂时关闭该车道，措施是在车道上方显示红色的"×"标志，并视需要设置路栏等。

②可逆车道变向控制。在交通高峰期间，交通量会呈现较大的方向不平衡性，为了有效地利用道路空间和通行权，把反方向的某一条车道临时用作逆向车道，并通过交通标志发出车道变向信息。

③专用车道控制。为鼓励乘用公共交通工具，降低高峰期间的交通总需求，在高峰时间里从同方向或反方向的车道中辟出一条车道作为专用车道。高峰时间过后，可恢复为通用。

（4）驾驶员信息系统

驾驶员信息系统是利用标志板或通信工具向驾驶员提供有关道路、交通或气象等信息，促使他们采取适当措施。信息是根据

高速交通主线

高速公路不同车道要求车速也不同

检测道路、交通、气象等所获得的数据，对交通最优控制问题进行求解后（例如最佳运行速度、最佳行驶路线、某入口匝道关闭等）由控制中心发布的。此类系统需要较昂贵的设备投资费用，主要用于交通量较繁重的某些高速公路。

最先进的德国高速公路

开足马力在道路上飞驰，这是一件令人着迷却又十分危险的事情。采用最高科技打造的德国高速公路，没有总体的最高限速，却很少发生交通事故，引得世界各地酷爱体验急速驰骋的人们慕名而来。

有人说德国的高速公路会"思考"，其实是因为它采用了安全保障、救援、电子显示与监视、人工监督、方向导航等世界上最先进的电子系统。尽管这些技术并不是什么深不可测的尖端科技组合，但关键在于稳定可靠，这些系统就像德国高速公路本身那样，组织有序，运作流畅。也正是因为有了这些系统，德国的高速公路事故发生率在欧洲国家中是较低的。

这些完善的电子系统，主要的功能是保障道路安全畅通。道路监控中心将监控摄像头收集到的路面交通信息，包括交通拥堵、排队车辆长度、

漂亮的德国高速公路

车流量、行车速度等，通过中央计算机进行汇总分析，在第一时间用公路电子显示屏和交通广播予以公布，并且智能控制红绿灯闪烁的时间，有效疏导交通堵塞。

一旦高速公路上发生交通事故，可以拨打救援系统的紧急电话，有一系列的组织会协调行动。德国有一个叫做ADAC的庞大救援组织，不但会员众多，网点覆盖全国，装备也非常精良。除了流动修理站，ADAC甚至还有下属的救援直升机，并且每架直升机只负责半径60千米的范围，以确保救援直升机能够在15分钟之内到达高速公路的任何地点参与救援。难怪在德国，随便问一个驾车人，他可能都会说自己是ADAC的会员。这个救援体系实在太强大了！

德国高速公路的质量好、管理好，当然也是以高昂的维修费用为代价的。德国人的专业强项是机械制造，为了维护高速公路，德国人制造了各种不同的机械，例如，修整坡地的草、修剪高处的树枝、铲雪、吹雪、撒盐融化道路上的积雪、撒沙子增加摩擦力等，都有专门的机器，分工明确。一些高速公路的两边是郁郁葱葱的树木或草场，它们与高速公路保持一定距离，不会轻易侵入车道，但也还要定期检视。为了减少雨水对高速公路的损害，工程师以25°的倾斜路面防止雨水侵蚀，这种易排水结构让雨水流向路边，渗透一层透水水泥，流进水管网络，最终汇进储水池。此外，道路上的标志、道路的维修和拓宽等，虽然不需要大规模同时进行，但论起德国密密麻麻如蜘蛛网一样的高速公路总长来说，也是一笔不小的开支。粗略算一下，德国每年在每千米高速公路上花掉的维修费高达46万欧元（约合人民币409.25万元）。

德国高速公路能够保证车辆安全且快速地行驶，其中最重要的一个原因是平缓的坡度，最大坡度为40°。至于质量，即使是波音747飞机在上面着陆，地面也不会下陷1厘米。正是因为拥有厚实

德国高速公路是不限速的，可以尽情奔驰

153

的路面和先进的排水结构，德国的高速公路几乎没有裂缝和坑洞。如果你渴望体验在高速公路上自由奔驰，那么一定要前往德国一试身手。

高速公路交通控制趋势

1.建立区域高速公路自动监控系统

随着社会经济的发展，局限于地区或路段范围内的监控系统已不能满足社会对高速公路交通管理的需要，人们迫切需要一种能够为高速公路运输生产提供服务的智能化自动监控系统，需要一种综合性的自动监控系统，从监控站点到分中心再到总控中心，分级、分层次形成整体的高速公路交通控制系统。监控站负责对其所覆盖路段的监控信息进行收集，并根据指令对行驶的车辆发出调度、安全、查询、路况等信息。沿途的车辆可以根据接收来自监控站的指令发出响应信息，同时可以按照预先设置的程序定时或自动发出信息，这些信息包括 GPS 定位信息、车辆状况信息、报警信息、应答信息、路况查询、与公司或用户的联络信息等。监控站将信息存储在数据库中，并将监控信息转发到分中心，对报警及应急事件信息进行及时处理。分中心负责对来自辖区内的高速公路沿线各个监控站的信息进行收集和分析，将相关信息存储在数据库中，并在电子地图上显示车辆位置、车辆状况、车辆报警及路况等信息，将有关的监控信息转发到总控中心。分中心通过计算机网络传递用户与车辆之间的联络信息，并根据车辆位置将用户发往车辆的查询、指令和联络信息通过监控站发给相关的车辆。

牌示与监控都属于控制系统

总控中心收集分中心有关各个高速公路路段的监控信息，将信息存贮在数据库中以供有关部门分析处理，在电子地图上显示区域内高速公路的监控情况，可以随时调出某条高速公路的车辆、路况、告警等信息并进行显示。总控中心可以通过分中心向各条高速公路发出指令、安全、调度等信息，并转发用户与车辆的联络信息。

高速公路自动监控系统由通信子系统和计算机网络子系统组成，通信子系统完成监控信息的传递，计算机网络子系统完成系统数据库的管理、监控信息的分析和处理、信息的查询和访问以及车辆的登记管理等。高速公路自动监控系统可以为交通管理部门和交通参与者提供灵活、方便、快速的信息，应用范围十分广泛。

2. 实行高速公路网络化管理

高速公路网络化管理是将现代工程技术、信息技术、通信技术、控制技术、传感技术等综合技术有效地运用于高速公路养护、收费、监控、通信安全管理系统。在发达国家，网络化管理在高速公路管理中已进入

收费站系统的软件管理

实际应用阶段，并成为高速公路管理的发展方向。随着我国高速公路的迅速增加和路网规模的逐步扩大，加快推行高速公路网络化管理显得尤为紧迫。

网络化系统发展的中长期目标是：通过这种先进的网络设施和高质量服务，来不断满足社会和经济建设对交通的需求；对高速公路的道路及其设施进行良好的维护，使其经常保持良好的使用状态；通过信息收集和处理，对网络内各路段运营状况进行科学的调控，对事故等突发事件情况及时处理并告知驾乘人员；同时，提供多功能服务，包括对交通违章的异地联网查处，进而建立起养护、收费、通信、监控、交通安全等服务一体化的网络管理体系。

3. 充分利用相关数据

在高速公路交通控制和交通管理的过程中采集到大量的交通数据，除一部分被实时用于道路交通管理，还有相当多的数据没有得到有效运用。一方面大量的数据被浪费，另一方面相关部门或研究单位得不到可利用的数据信息而不得不花费大量的时间、经费重新开展调查，但往往时效性、可靠性差。大量的交通信息除用于实时交通控制外，还支持交通控制策略、技术的进一步优化，可靠评估交通安全状况，诊断交通安全隐患，检验交通控制的需求预测和评估模型，进行中长期道路交通的建设规划、道路维修、保养计划、安全规划等，从而使道路交通信息潜值得到发挥，并满足不同方面的要求，从而有效降低整个社会用于提高道路交通安全、效率的成本，也能使未来的智能交通技术更有针对性，更具科学性，可以发挥更大的作用。

4. 未来的智能高速公路

所谓智能高速公路，是目前西方国家正在研制和试验的一种旨在缓解交通拥挤的全自动化新概念高速公路系统。从目前西方国家已取得的研究成果来看，未来的智能高速公路将以实现三大目标为目的，即管理电子化、行车智能化和收费自动化。

管理电子化即在高速公路管理中引入超大规模计算机系统，对高速公路的长期运行状况进行综合分析，制造数学模块，以向管理人员提供中长期公路运行预报，协助管理人员随时根据实际情况制订出最佳管理方案，

以保证高速公路交通安全畅通。超级计算机在高速公路上的另一用途是对设置在高速公路两侧和各种传感器（如摄像机、测速雷达等）传输来的高速公路运行信息以及当天的气象情况道路设施状况等进行收集处理，得出最佳参数（如车速、车间距离、某一路段需要注意的情况、可供选择的行车路线、有关交通事故通报等）并将其通过情报板、专用广播频道等手段传输给汽车驾驶员。

行车智能化即是通过给汽车加装卫星导航系统来实现技术突破，驾驶员上车只需将此行的出发地和目的地输入其中，导航系统就会向驾驶室提供最佳行车路线，并将这种路线通过装在驾驶员旁边的电视显示屏直观地显示出来。此外，这种导航系统还能接收外界通过无线广播传输的交通信息，并根据这些信息随时调整行车线路。为保证行车绝对安全，车上还将装备自适应速度控制装置，以备电子控制系统万一失灵时利用防撞雷达和红外线技术来控制车速和车辆间距。由于实现了"路控制车"，各种车辆行车速度一致，不存在超车、违章等现象，汽车将在连续不断的无线电控

智能化收费站设计图

制信号的控制下前进。高速公路管理中心根据运行状况随时调整车速，不但完全避免了任何人为因素造成的交通混乱，在一定程度上杜绝了交通事故，而且使车与车之间的距离大为缩短，提高了高速公路的通行能力。

收费自动化是一项已开始推广使用的技术。目前的高速公路收费站大多数是人工收费或半自动收费，车辆在经过收费站时必须停车才能交费，速度慢，高峰时还容易发生交通堵塞，而自动化装置将有效地克服这一缺陷，汽车无须停车就可驶上高速公路。

知识链接

高速公路的通行能力有多大

高速公路的通行能力是指高速公路上某一地点、某一车道或某断面处，单位时间内可能通过的最大的交通实体（车辆或行人）数，亦称道路容量、交通容量或简称容量。高速公路的通行能力一般以辆／时、人／时来表示。车辆多指小汽车，当有其他车辆混入时，均采用等效通行能力的当量小客车单位。高速公路是供汽车分向、分道行驶并控制出入的干线公路，可想而知，其通行能力也是非常强的。据统计，四车道的高速公路一昼夜的通行能力约为 2.5 万 ~ 5.5 万辆车（折合成标准小客车），六车道的高速公路一昼夜的通行能力约为 4.5 万 ~ 8 万辆车（折合成标准小客车），八车道的高速公路一昼夜的通行能力约为 6 万 ~ 10 万辆车（折合成标准小客车）。

第六章　先进的车辆系统

先进的车辆系统是智能交通系统 ITS 的一个重要应用，是集 GPS 技术、GIS 技术、通信技术于一体的综合车辆管理系统，由车载移动终端、无线通信系统和监控中心三大系统组成，其中监控中心根据受监车辆的 GPS 定位信息，能够在 GIS 地图上显示受监车辆的位置，并能根据需要对受监车辆进行调度。可广泛应用于城市出租车、公交车、货运车及其他特种车辆的实时定位、监控与运营调度上，能极大地提高车辆运输管理的效率和安全性。

第一节　认识先进的车辆系统

什么是先进的车辆系统

先进的车辆系统是利用先进的传感器技术检测车辆周围信息，通过信息融合和处理，自动识别出危险状态，协助驾驶员进行安全辅助驾驶或者进行自动驾驶，以提高行车安全和增加道路通行能力的系统。

一个完善的先进车辆系统主要由智能车和通信系统构成，其中通信包括智能车与智能车之间的通信、智能车与道路之间的通信。智能车辆是先进车辆系统的重要组成部分，由装备了若干传感器和控制单元的车辆组成。

先进车辆系统的关键技术包括传感器技术、通信技术、控制技术、信息显示技术、驾驶状态监控技术和气象检测技术等。

（1）传感器技术

常用的传感器有探测障碍物的传感器（如激光雷达、无线电探测与测距、超声波传感器等）、判断车辆位置的传感器（如信号电缆传感器、视觉传感器、霍尔传感器、磁传感器等）、判断车辆状态（如轮胎压力、气温、轴速、轴温等）的传感器和检测气象的传感器（如温度、湿度、风力、雾检测器等）等。其中应用最为广泛的是激光传感器，它利用多普勒效应，通过计算信号在空间返回的时间来检测物体距离，这种传感器属于主动传感器，主要缺点是空间覆盖面有限且扫描速度不高。毫米波雷达与激光雷达的工作原理接近，并且毫米波雷达在雨雾方面较激光雷达具有更

车辆构造系统

160

强的稳定性，但价格更贵。毫米波雷达与激光雷达具有同样的缺陷，就是空间覆盖面有限且扫描速度不高，属于主动传感器。

（2）通信技术

先进的车辆系统中涉及的通信技术运用在传感器与执行元件、车辆与道路、车辆与车辆之间，主要是有线和无线通信（包括无线电频道的分配及调频技术），其目的是实现准确地传输图像、数据、语音等各种信息。

车辆控制器

（3）控制技术

利用车载计算机作为决策和控制中心，对由各种传感器收集来的信息（包括道路、车辆、驾驶员、环境等）加以综合利用，通过计算机的综合处理做出最佳控制执行方案，并通过车辆上的各种控制系统自动控制车辆。

（4）信息显示提供技术

主要利用 LED、LCD 和 CRT 等显示设备及发声装置，作为文字图像显示、状态指示及声音提示的工具，为驾驶员提供完善的信息，协助驾驶员的驾驶行为。

先进车辆系统的功能

先进的车辆系统一般具有自动识别判断车辆外部行驶状况的能力，可以根据获取的信息，通过警告驾驶员进行操作或直接控制。先进的车辆系统在我国的 ITS 体系框架中对应的是"车辆安全与辅助驾驶领域"。

按照服务领域进行分类，主要有视野扩展、纵向防撞、横向防撞、交叉路口防撞、安全状况（检测）和自动车辆驾驶等。

（1）视野扩展

利用车载设备、路边探测、通信和控制技术，扩展车辆驾驶员的视野，

车辆防撞梁示意图

使驾驶员在能见度低、视野盲区或恶劣环境下，对路上行人、车辆、障碍物和危险状况等仍具有较高的观察与判断力，以便及时采取措施，避免交通事故。

（2）纵向防撞

利用车载设备和路边探测、通信和控制技术，对车辆前后方车辆、障碍物和行人等情况进行实时监控，并通过向驾驶员及周围驾驶员的预警和采取辅助驾驶措施，使人、车安全避险。此外，在碰撞发生时，采取相应的被动安全措施，以减轻碰撞对驾驶员和乘客的伤害。

（3）横向防撞

利用车载设备和道路设备，自动识别行驶环境（如道路状况、路旁设施、其他车辆等），当车辆变换车道或发生横向偏离时，判别发生横向碰撞的危险程度并向驾驶员发出警告，通过车载辅助驾驶和自动控制装置，避免横向碰撞事故的发生。

（4）交叉路口防撞

在车辆即将进入或通过有信号控制的交叉路口时，利用车载设备及通信系统所获得的信息，及时地将交叉路口的交通状况通知驾驶员，并根据需要辅助驾驶员对车辆进行控制或车辆自动执行防撞措施（其中包括纵向防撞、横向防撞以及纵横向综合防撞），或发生碰撞后对司乘人员及时给予保护。

（5）安全状况（检测）：利用车载设备，对驾驶员、车辆关键零部件以及路况进行监控，及时地将本车各非正常状况的有关信息向本车和邻近车辆驾驶员、交通管理中心预警，主动采取措施，以保证交通安全。

（6）自动车辆驾驶

汽车类机动车辆，通过自动高速公路系统、智能通信与信息系统、车辆智能控制系统的支持，在无人工干预或部分人工干预的情况下，实现在高速公路上的车道跟踪、车距保持、换道、巡航、定位停车等操作。

按智能化的程度，先进的车辆系统可分为安全辅助驾驶系统、自动驾驶系统和自动公路系统。

（1）安全辅助驾驶系统

安全辅助驾驶系统是集成运用传感器技术、信号处理技术、通信技术、控制技术、计算机技术、信息显示技术、驾驶状态监控技术等技术的车载系统，根据各传感器（如激光雷达、红外线、超声波传感器、盲点探测器等）所采集

不少汽车都装备了自动驾驶系统

的信息，辨识车辆所处的环境和状态，作出分析和判断，给驾驶员发出劝告和报警信息，提醒驾驶员注意规避危险，在紧急情况下，甚至辅助驾驶员操作车辆，防止事故的发生。

（2）自动驾驶系统

自动驾驶系统是根据各种传感器获取的信息进行自主导航和控制的车辆系统，包括车辆纵向控制和横向控制。纵向控制是在行车速度方向上的控制，即车速以及本车与前后车或障碍物距离的自动控制，达到提高速度、减小车间距的同时保证安全，即达到安全、高效的目的。横向控制指垂直于运动方向上的控制，分为车道保持和车道变换。车道保持的目标是控制汽车自动保持期望的行车路线，车道变换是自动控制车辆从现有车道安全转移到目标车道上去。

当实现了纵向和横向自动控制，就可以按给定目标约束自动控制车辆运行。所以，从车辆本身来说，自动驾驶就是综合纵向和横向控制。但要真正实现点到点的自动驾驶运行，车辆控制系统必须获取道路和周边交通情况的详细动态信息和具有高度智能的控制性能。完善的交通信息系统和高性能、高可靠性的车载传感器及智能控制系统是实现

自动挡使得开车更简单

自动驾驶的重要前提。由于点到点自动驾驶的难度，人们提出自动驾驶路段的概念，即在路况简明的高速公路段开辟可自动驾驶路段。进入这种路段可以启动自动驾驶，驶出这个路段时再转入手动驾驶。这是由局部区域的自动驾驶转入到全路段自动驾驶的过渡阶段。

（3）自动公路系统

自动公路系统是建有通信系统、监控系统、光纤网络等基础设施，并对车辆实施自动安全检测、发布相关的信息以及实施实时自动操作的运行平台，它为实现智能公路的运输提供更为安全、经济、舒适、快捷的基础服务。它是管理多个自动驾驶车辆的系统，即实现车队的自动有序运行。系统中的所有车辆可以进行自动驾驶，车辆与车辆之间、车辆与道路之间通过通信实现相互协作，达到高效、安全的运行目的。

自动公路系统的概念

自动公路系统是先进的车辆系统的高级阶段。日本在自动公路系统领域的研究开展较早，在概念上采用了 AHS 的缩写，AHS 包括两种意思：其一为 Advanced Cruise—AssistHighway System（简称 AHS）的缩写，即先进的行走支援道路系统。在 1993 年日本公布的 5 年规划中又具体地把

自动公路行驶想象图

AHS 分为 AHS-i 危险警告、AHS-c 辅助驾驶、AHS-a（automated）自动驾驶三部分。其二为 Automated Highway System（简称 AHS）的缩写，即自动驾驶道路系统。

欧美对自动公路系统的缩写，有自动驾驶之意；而日本的 AHS，其最终目的也是自动驾驶。所以无论美国还是日本，虽然在定义上有一定的差异，但最终目标是一致的，AHS 最终要达到自动驾驶的功能。

美国的自动公路系统没有单独作为 ITS 的一个子系统，而是归入先进的车辆控制系统中进行研究。

美国的先进车辆控制系统（AVCS）包括以下的内容：

一是车辆辅助安全驾驶系统，该系统有车载传感器（微波雷达、激光雷达、摄像机、其他形式的传感器等）、车载计算机和控制执行机构等部分，行驶中的车辆通过车载的传感器测出与前后方、周围车辆以及与道路设施的距离和其他情况，车载计算机进行处理，对驾驶员给出提示和警告，在紧急情况下，强制车辆制动。

二是自动驾驶系统，装备了这种系统的汽车也称为智能汽车，它在行驶中可以自动导向，自动检测和回避障碍物，在智能公路上能够以较高的速度自动保持与前车的距离。智能汽车在智能公路上使用才能发挥出全部的功能，如果在普通的公路上使用，它仅仅是一辆装备了辅助安全驾驶系统的汽车。

我国在进行智能公路方面的研究时，前期使用了和国外相同的术语即自动公路系统（AHS），在我国国家 ITS 体系框架中使用了智能公路系统。但在很多文献中仍然使用"自动公路系统"，在本书中出现的自动公路系统（AHS）与智能公路系统（IHS）含义相同。

在我国最新制定的 ITS 标准体系框架中对我国的智能公路系统（IHS）

自动公路系统可以与汽车驾驶结合

作了如下的定义：智能公路系统是建有通信系统、监控系统、光纤网络等基础设施，并对车辆实施自动安全检测、发布相关的信息以及实施实时自动操作的运行平台，它为实现智能公路的运输提供更为安全、经济、舒适、快捷的基础服务。该系统包括车辆自动导航和控制、交通管理自动化以及事故处理自动化。这是智能运输系统的最终目标，即实现车、路、人高度一体化。IHS 是智能运输系统技术难度最大的子系统之一。

知识链接

美国先进的自动公路系统

自动公路系统是更高级的智能车辆控制系统和智能道路系统的集成——汽车自动驾驶系统。由路面设施和车辆上的特殊装备组成。如路面设施是在车道中心按一定间隔距离埋设磁铁，车载装置是磁传感器、障碍物检测雷达、车道白线识别装置、电子导向仪、电子自控油门、电子刹车装置等。以电偶将汽车组成一组一组的列车运行，每辆车可随时加入或退出列车车队，当汽车在车队中行驶时为自动驾驶，保证汽车的行驶绝对安全高效。

第二节 安全辅助驾驶系统

驾驶员监测警告系统

由于驾驶员疲劳所引起的交通事故占很大的比例，根据美国公路交通安全委员会的交通事故死亡报告，估计每年近8000例公路交通死亡事故是直接或间接地由于驾驶员注意力不集中、疲劳或困倦引起的。据英国汽车协会的统计，英国因车祸死亡的人中，有1/10是因为司机疲劳驾驶引起事故。尤其在长途汽车驾驶交通事故中，驾驶疲劳引起的交通事故占40%以上。由此可见，"疲劳驾驶"的问题是影响交通安全的重要因素。

围绕着驾驶疲劳问题，国内外学者从不同的角度进行了研究。包括驾驶员适应性研究、疲劳产生机理研究、驾驶行为及可靠性研究、疲劳预防、疲劳监测、疲劳警告等。由于疲劳监测与警告便于推广应用，近年来成为研究的热点。现有的疲劳监测方法一般分为3类：基于驾驶员外在特性的监测系统（例如眼睑的活动、眼睛闭合、点头动作、嘴部张合等）、基于驾驶员生理指标测量的监测系统（例如脑电、心电、皮肤电势和肌肉活动等）和基于驾驶行为和车辆参数的监测系统（例如方向盘转动频率、油门力度、换挡频率、车速、加速度、车辆位置等）。

（1）基于驾驶员外在特性的监测系统

日本丰田汽车公司研制的"丰田先进安全汽车"上采用了17项最新技术，其中包括打瞌睡驾驶警报系统。它的原理是监测驾驶员眼睑的运动，一旦发现驾驶员疲劳，系统先向驾驶员提出声音信号，再发出薄荷味道和冷空气来唤醒驾驶员。

日本三菱公司开发的驾驶员视野探测器应用2个车载摄像机监测和分析驾驶员眼睛位置和眨眼情况，一旦发现驾驶员疲劳，系统将发出警告信号。

丰田新汽车配有打瞌睡警报系统

（2）基于驾驶员生理指标测量的监测系统

生理指标最能准确反映人的疲倦程度。其中脑电波EEG被称为测量睡眠的"金标准"。以色列开发了一系列的相关驾驶员监测器，它应用肌电图学原理来监测驾驶员手腕活动（通过一种无线手腕监测器）并通过振动刺激向驾驶员报警。

日本丰田公司研制的疲劳报警装置，只要驾驶员在操纵方向盘时稍有迟钝，或脉搏有异常变化，该装置就能测出这些反应，并发出警告，令坐垫振动或自动刹车。

日本东京大学研制出的疲劳测试器，可戴在司机的手腕上。该测试器内部装有一个小型氧气电池电极，能

疲劳预警手表

测量司机汗液中的乳酸、氨和酒精含量，然后通过电脑分析，判断司机的疲劳程度，及时向司机发出警告，避免交通事故的发生。

由于在线检测驾驶员生理指标比较困难，在实车上的应用效果并不是很好。

（3）基于驾驶行为和车辆参数的监测系统

实验表明，驾驶员在疲劳的状态下对车辆的控制能力会下降，如对方向盘的操控变缓，踩油门、刹车的力和速度变小，从而导致车辆本身的速度、侧加速、侧位移等与正常情况下的运行特征不一致。根据这种原理，人们设计了很多安全辅助驾驶系统。

西班牙防疲劳系统通过监测方向盘的转向压力来监测驾驶员瞌睡。一旦监测到驾驶员疲劳，系统通过闪汽车前照灯和声音报警来警告周围的汽车，而且自动切断汽车燃料供给使汽车停车。

美国戴姆勒－克莱斯勒公司开发了一种监测算法，它利用车辆的侧向位置、车轮转向角和纵向车速等信息来监测驾驶员疲劳。这种算法在模拟场地实验中是有效的。系统被证明是可行的，但是仍未完全开发成功。美国的一种驾驶员监测系统能有效地监测驾驶员疲劳状态。在每天 8 小时的 97% 的公路驾驶条件下，其误警率是 1%。但是该系统是基于车道跟踪系统，需要白车道标志线，不能在夜间和雨天工作。

还有学者提出通过检测方向盘参数检测驾驶疲劳，出发点是疲劳的驾驶员倾向于选择比较简单的操作策略，不是根据需要慢慢地调整方向盘，而是一下子调整过来，即方向盘小的、慢的调整减少了，大的、快的调整增加了。也有学者建议用方向盘转角的功率谱密度函数计算驾驶疲劳，然而要做到实时检测仍很困难。

防撞系统

防撞系统是一种主动辅助驾驶系统，通过综合感知驾驶室内外环境、车辆周围的障碍物、危险态势的及时检测并报警，为驾驶员或车辆系统获得足够的安全时间，从而阻止或减少碰撞情况的发生，达到安全行车的目

的。车辆防撞系统包括 3 个子系统，即：传感器感知子系统，收集车辆环境信息；中心处理子系统，评估交通事态；输出子系统，通过人机生态界面为驾驶员提供驾驶信息，同时在驾驶员意识反映之外，通过车辆系统及时控制车辆，对车辆的纵向横向控制做出调整。

在车辆防撞系统中，涉及多种传感器技术，应用最为广泛的是微波雷达、激光雷达和摄像机。安装在车辆上的雷达天线可以探测到车辆前方的障碍物。为了充分利用车辆防撞系统，需要研发出具有一定智能的综合系统来感知道路环境，将感知信号传给中心处理系统（车载计算机系统）。在发现障碍物的情况下，处理器能够根据从障碍物返回雷达信号的时间来确定障碍物的距离，从返回信号频率的变化可以推测障碍物大小，再通过输出控制系统及时提醒驾驶员，或通过对车辆相关系统进行调节，如调整节气门、制动、转向、语音等。

汽车尾部的防撞梁

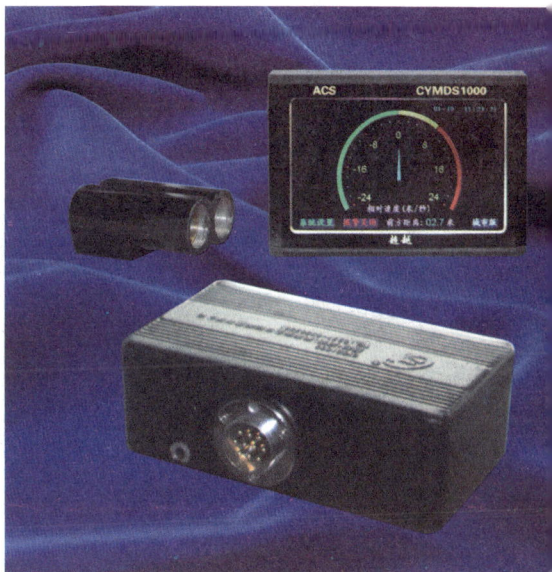

日产公司研制出一种新型的防撞雷达系统，由安装在汽车前面的激光发射器、激光传感器、与变速器相连的速度传感器以及装在驾驶室里的显示单元组成。当汽车与前面的车辆接近且速度太快时，系统会提醒驾驶员注意。

德国大众汽车公司研制的"特定车道障碍物预警系统"，由多束激光测距传感器扫描汽车前部至障碍物的距离，运用图像处理系统监视前方道路。系统可以识别本车道及相邻车道上的车辆及障碍物。在通过相应的多

汽车防撞预警设备

光束测距器测量绝对距离及相对距离变化的基础上，车载计算机计算出相对接近车辆的行驶速度，从而可以预报逆行车对自己是否构成威胁。

巡航控制系统

驾驶普通汽车时，为保持车辆的匀速运行，驾驶员的脚必须一直踩在油门上，对于长途驾驶，驾驶员很容易感到疲劳。为了缓解驾驶员疲劳，预防事故发生，提高驾驶安全，车辆巡航控制系统应运而生。车辆巡航控制系统就是在车载控制单元的精确控制下自动调节发动机节气门，从而达到在不同路况下始终保持设定车速的辅助驾驶系统。

巡航控制系统的工作原理：驾驶员根据需要设定车速，传感器检测车辆实时速度，系统根据设定速度与检测速度的差值，按照一定的算法自动控制节气门，使汽车按照设定的速度行驶。汽车在巡航过程中可以改变车速，也可以暂时取消，随后恢复巡航功能。

巡航控制系统的高级阶段是智能巡航控制系统。该系统除能拥有标准的巡航控制功能外，还能够根据单车道上对相邻两车之间的相对车速和距离实现智能控制，起到辅助驾驶的作用；还能够根据交通流的要求，自动地调整车速，保持安全车距，从而达到增加道路通行能力、提高驾驶平滑性、减少燃油消耗量、减少排放等作用。

智能巡航控制系统是巡航控制系统与防撞系统的结合，因此智能巡航系统也要安装探测障碍物的传感器。目前微波雷达、多束红外线传感器、激光雷达、CCD摄像机、异频雷达收发机等在欧洲汽车厂家得到应用。

汽车巡航控制示意图

智能巡航控制系统的工作原理：通过智能巡航传感器检测前方车辆的坐标位置，将信息传给中央处理器进行信息融合。根据信息融合的结果，子系统控制策略将确定是否调整巡航状态，或告知驾驶员与前车之间的安全距离，假如前后车辆之间车速差过大，将给驾驶员一个警告。在环境允许的情况下，智能巡航控制系统可以由驾驶员来选择相应的控制策略，并且在驾驶员踩下加速踏板或制动踏板时，该系统对车辆的控制作用会暂时取消。

驾驶员视觉增强系统

驾驶员视觉增强系统已经成为安全辅助驾驶领域研究的热点，很多交通事故是因为驾驶员的视觉太差，或是由于车辆前方的视觉环境质量太低所致。影响驾驶员观察周边物体和交通状况的主要因素有驾驶员的年龄、天气状况、所处时间、驾驶员的健康状况等，因此任何能增强驾驶员视觉能力的系统都是智能车辆系统中的组成部分。

驾驶员的视觉增强是利用各种传感器和先进技术增强驾驶员在雨雾天、光线不足条件下的视觉效果。视觉增强系统最早应用在飞机着陆中，20世纪80年代末期至90年代初期，人们提出了视景系统概念，其基本思路就是采用前视探测传感器实时获取机场跑道及其周边区域的高分辨率图像，并通过适当的信息、图像处理与融合形成易于飞行员理解的真实场景图像，从而使飞行员能透过云雾和恶劣天气看清跑道并正确地操纵飞机完成进场着陆。采用不同手段和不同综合方法构成的视景系统分为：

（1）传感器视景系统

前视传感器实时检测到的驾驶舱外视见景象，可以由单传感器生成或多传感器综合，其视景接近真实世界的自然景象，将飞机前下方的3D世界通常转换成透视的2D景象。由

驾驶员视觉增强红外热成像仪

171

于各种传感器获取信息和成像处理上的独特性，其原始图像数据一般不能转变成便于驾驶员理解的图像格式，并且和真实视见图像存在差异，有必要做某些额外处理，或者利用多传感器的数据融合而生成综合视景。多传感器综合系统可以从各传感器性能优缺点上的互补而得利。

（2）合成视景系统（SVS）

由地形数据库存储的地形模型构建的虚拟视景毫米波雷达称为合成视景（SV）。当飞机明确自己精确的即时位置后，从地形数据库中调用资料，编辑成和当时前视所见完全吻合的视景图像。精确的飞机当前位置是生成合成视景的必要条件，只有在当今可以利用的诸如 GPS 这样的精确定位系统的情况下合成视景才有可能得以应用。

（3）增强视景系统（EVS）

传感器视景和合成视景的叠合称为增强视景。这是既有实时探测到的自然视景，也有数据库生成的虚拟视景，两者匹配叠合，即利用虚拟视景的深刻轮廓线去增强模糊视景，包括了 Sensor VS 和 SVS 两个系统，它们在恶劣的气象条件下可以增强窗外视景的可见性。

由于成像雷达传感器相对于前视红外成像传感器具有更好的云雾及恶劣天气穿透能力，人们普遍认为采用成像雷达系统提供机场跑道图像是

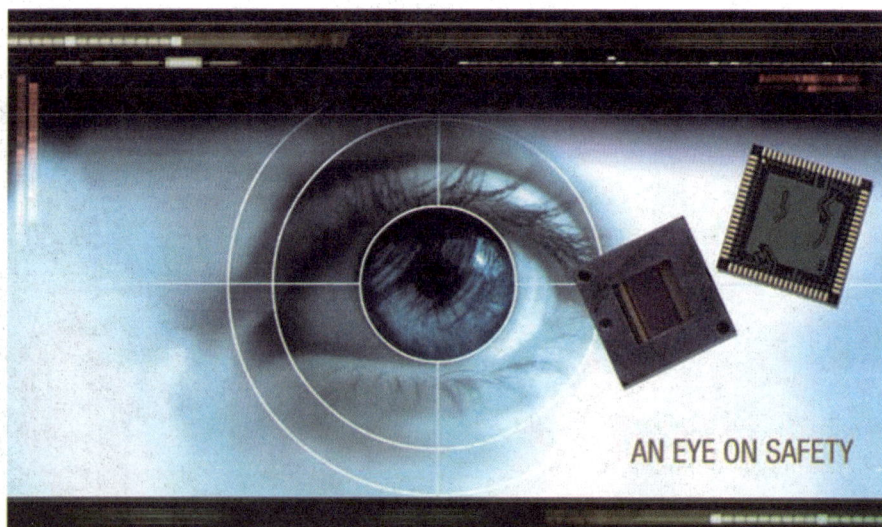

增强视觉

解决恶劣天气情况下飞机着陆问题的最有前途的方法之一。因此，近年来国外开始全力发展用于恶劣天气条件下飞机着陆的视景增强雷达系统，并且已取得了重大进展。美国联邦航空局（FAA）与空军、海军于 1991 年提出了视景合成系统技术演示验证计划，并于 1992 年对 Lockheed Martin 公司、Honeywell 公司的 35 吉赫毫米波雷达与 Lear-Astronics 公司的 94 吉赫毫米波雷达进行了飞行试验，验证了采用毫米波成像雷达进行辅助进场着陆的可行性。德国宇航院与 Daimler-Chrysler 宇航公司自 20 世纪

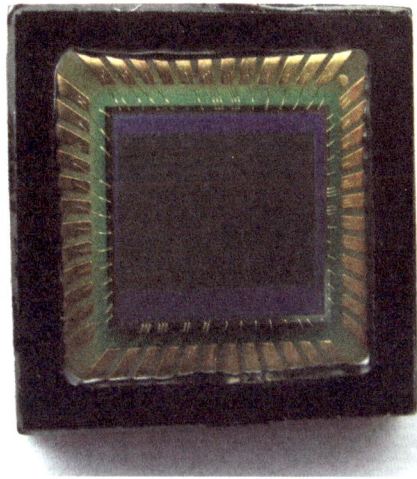

图像传感器是增强视觉的关键

90 年代中期起开始研制用于飞机视景增强的毫米波成像雷达，并分别于 1994、1995 与 1999 年完成了地面与空中飞行演示验证实验，实验非常成功。

　　正是由于视觉增强技术在飞机上的成功应用，随着智能运输系统的发展，视觉增强技术被引入到车辆安全辅助驾驶系统中。如美国的 Galaxy 科技公司开发了由红外传感器、显示系统、无线通信系统、GPS 等组成的驾驶员视觉增强装置，用于烟雾条件下抢险车辆。国内有学者提出了一种景物影像清晰化的方法，用移动模板对不同深度的场景进行分割，并对模板中的区域进行块重叠直方图均衡化处理。根据图像的灰度分布特性，求出天空区域灰度的最佳近似正态分布，再由这个近似正态分布估计来得到分割天空区域的灰度值分布范围，以增强景物细节信息。

　　驾驶员视觉增强系统能够提供在不同气候、一天中不同的时间的视觉增强，主要由传感器（如 CCD 图像传感器、远红外线热图像传感器等）、照明系统、识别处理单元、信息显示屏等组成。当今使用的照明系统包括紫外线照明器、红外线照明器等。照明系统一般安装在车辆前大灯或旁边。

　　驾驶员视觉增强系统通过传感器感知系统来监控道路交通环境，运用各种图像增强算法来达到增强视觉的效果，处理视觉信息而得到实时道路交通状况，处理后的结果就可以显示在驾驶员的信息显示屏上，驾驶员通过观看显示屏以达到视觉增强的目的。

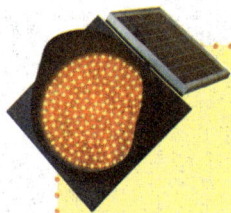

未来的安全汽车是什么样的

全世界的汽车数量多达数亿辆，其中的大部分集中在一些大城市中。由汽车行驶造成的交通事故，给车辆、行人带来极大的不安全因素。据统计，我国每年因汽车交通事故伤亡的人数就有约 5 万人。因此，汽车驾驶的安全性一直是汽车重要的技术性能指标之一。在目前，它主要是通过汽车的转向可靠性和制动有效性来实现的。

那么，随着交通设施建设和功能的不断完善，未来的汽车将如何提高安全性能呢？

对于汽车驾驶者来说，许多设计巧妙的安全汽车将使驾驶汽车变得更轻松、安全。例如，有一种装有弹射椅的汽车，汽车座椅用特殊的方式与强力弹簧助推器连接在一起，座椅内配备有降落伞。当汽车遇到险情并危及驾乘人员生命时，只要一按开关，车顶盖板立即自动打开，强力助推器能将人连座椅迅速抛到数十米的高空，同时，降落伞迅速打开，使驾驶员连人带椅子一起缓缓降落着地。

汽车工程师还设计了"长翅膀"的汽车。这种汽车具有特殊的滑翔功能。当汽车发生坠崖或冲出高速公路路沿等险情时，只要一按开关，两侧车门便迅速展开成机翼状，同时启动翼上的发动机，使汽车加快滑坡速度，汽车能像飞机一样安全、平稳地降落。

第三节　车载设备系统

什么是车载设备系统

车载系统（或称为车辆导航系统）是 ITS 设施中涉及的一个主要应用系统，它可采取相对低级或高级的形式，具备简单或复杂的功能。低级的如依靠人工计算在纸质的地图上确定车辆位置；高级的则是一个复杂的大系统，配有车载计算机、GPS 接收机和各类传感器等车载设备，充分利用检测、通信、计算机、控制、GPS 和 GIS 等现代高新技术，动态地向驾驶人提供实时交通信息和最优路径引导指令，通过对道路上的车流进行诱导，从而平衡路网车流在时空上的合理分配，提高道路网络运输效率，缓解和防止交通阻塞，减少空气污染。就目前人们的研究兴趣而言，车载系统一般指高级形式。

作为 ITS 研究的一项重要内容，车辆诱导系统主要以出行者和车辆为服务对象。对于出行者而言，车辆诱导系统通过采集与处理动静态交通信息，利用可变信息板、互联网以及广播等多种媒体为出行者提供出行信息（路网交通状况信息、出行最佳路径等），从而达到规划出行、选择最优路线、避免交通拥挤、节约出行时间等目的。对于车辆而言，车辆

指南车是最早应用导航的车

诱导系统主要实现对其动态监控、合理规划路径、均衡分布等功能，从而达到提高道路服务水平的目的。

最早期的车辆导航系统可追溯至公元前 2600 年的中国。当时人们在手推车上装了一个人形的指南针，从而不管手推车在哪条道路上行进，指南针的手指始终指着南方。这种指南车的仿制品可在中国历史博物馆见到。

现代车辆定位导航技术始于 20 世纪 60 年代晚期。当时美国联邦公路局启动了一个称为电子路径诱导系统的项目。ERGS 是具有无线路径诱导能力的导航系统，可用于控制和分配交通流。该系统采用短距 Beacon 技术，用于双向通信，一个小型的车内控制盒允许驾驶人输入目的地代码。当达到交叉口时，该代码通过车内收发器发出 Beacon 信号传送至嵌入在交叉口路路面的环形天线，而该天线则通过同轴电缆连接至路边控制器，该控制器又连接至用于处理交通数据的中心控制室。在收到目的地代码后，控制器会解码并计算出一条最优路径。而有关路径诱导指令则会通过 Beacon 信号送回车辆。在车辆离开环状天线区域之前，这些诱导指令会在车辆中的显示屏上显示出来。由于资金的限制，该项目没有被完整地实施，但初步的试验还是很成功的。

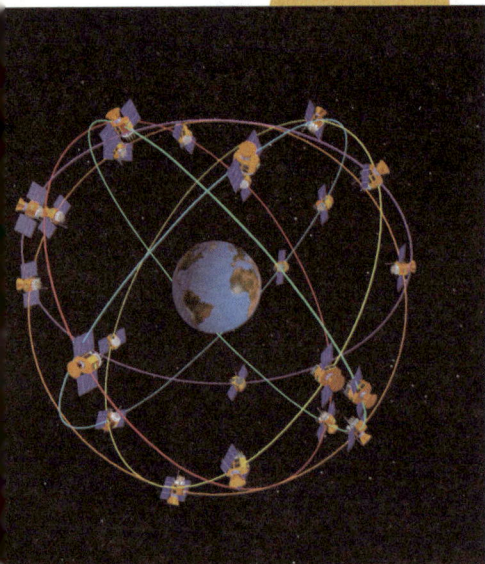

汽车定位导航的发展借助于导航卫星

20 世纪 70 年代以后，特别是 80 年代后期，车辆导航系统进入了一个迅猛发展时期。这主要是由于 ITS 的相关技术日趋成熟，而有关 ITS 的组织如欧洲的 ERTICO、日本的 VERTIS 和美国的 ITS America 等也竞相成立，ITS 的会议和刊物大量涌现，从而形成了一个所谓的"ITS 运动"。1973 年日本进行 CACS 项目，该项目类似于 EGRS 项目的概念。20 世纪 70 年代后期，欧洲启动了 ACI 工程项目，进入 80 年代又先后启动了 CARIN 和 EVA 两个项目，随后是 Prometevs 和 Drive 等。美国实施了 Navigator Guidestar 项目，90 年代后期有 Pathfinder、Travtek 和 Adance。

现代车辆定位与导航系统一般由模块或全部模块组成。成熟的定位导航系统需要不同的功能和函数结合。有关各模块的功能简述如下。

1.数字地图数据库

它包含以预定格式存储的道路及其属性信息，能被计算机处理，用以提供与地图有关的服务，如车辆定位、道路分类、交通限制和旅行信息等。由于地图一般用于表示地球表面的几何结构，我们必须了解用于表达地图数据的不同的坐标系统及摄影方法。

2.定位模块

此模块综合各种不同传感器的输出或使用无线测量技术来精确计算车辆的位置和速度等信息，从而可推断其运行的路段和将要抵达的交叉口。典型的独立测量技术是航位推算。典型的基于卫星信号的技术是使用 GPS 接收器。由于各种方法均有其优势和劣势，各种 Fuse（融合）技术已被用于综合这两种信号的输出。

3.地图匹配单元

地图匹配单元用于将由定位模块获得的车辆位置数据定位于由地图数据库提供的地图上的某一位置或路径上。这可改善定位模块的精确度，一般均假设地图数据库的精确度高于定位模块。

4.路径选择单元

路径选择单元用于帮助驾驶人在出发前或出行中选取合适的路径。这种选择传统上是基于数据库数据的，即静态的。

汽车导航仪

现代发展的实时选路技术则同时需要交通信息中心提供的实时交通状态数据。最常用的选路原则是寻找一条最小旅行费用的路径。而旅行费用则与时间、距离和路况等多种因素相关。

多功用汽车导航仪

5.路径引导单元

它用于引导驾驶人沿着由路径选择单元选定的路径顺利行驶。它由各种路径引导指令组成，需要动态的、准确的车辆位置信息。

6.人机接口界面

它用于使用户与系统进行交互，可以是文字界面、图形界面、甚至语音界面。

7.无线通信单元

它提供各单元模块间的信息交流，特别是可使车载系统实时接收最新的路况信息，以使车辆更安全、有效地行驶。

上述各个分支单元均为实现车辆导航系统的关键模块，不但要使各分系统构造合理，更要注意它们能相互配合和协调，从而使整个大系统良好地运行，满足实际要求，这就是系统工程的意义所在。

数字地图模块

数字地图模块是包含在地图相关功能的车载系统中不可分割的部分，与之相关的车载设备包括计算机、光盘机等部件。如果没有地图，要让驾驶人在不熟悉的区域行进并做出正确的路径选择是非常困难的。用地图做媒介，复杂的信息能够比较容易地进行交换。

一个数字地图数据库可以为一个车辆定位导航系统提供许多重要的功能。一般来说，它可以协助系统完成下列功能：

（1）显示地图。

（2）使用一个街道地址或相关的交叉口来定位一个地址或目的地。

（3）计算一个旅行路径。

（4）引导驾驶人沿着一个预先规划好的路径行驶。

（5）将由传感器得到的车辆运行轨迹匹配到地图中的公路网络上，以便更准确地确定车辆的实际位置。

（6）提供有关旅行信息如旅行指引、风景点、宾馆和餐饮信息等。

一般而言，计算机可借助于以下 3 种方法给出行者提供地图。

（1）用数字扫描仪数字化一幅纸质地图，从而可将其存储于计算机的存储器内作为一个栅格编码结构的数字化图像。

汽车导航仪展示

（2）将纸质地图转换为数据结构或矢量编码结构，以便存储于计算机，然后按需要的功能或特性，以不同的方式呈现给用户。

（3）通过因特网进入相关网站，如美国的 3A 网站、中国的 go2map 网站等，可下载或浏览有关地区及城市的电子地图。

栅格编码图像可以很容易地产生并提供所有原始图像所包含的信息，它们与原纸质地图精确的相似。矢量编码图形占用较少的存储空间，具有较快的存取时间，使用更为灵活，易于操纵。加上矢量数据结构在所有不同的地图元素之间创造了一个绝对的联系，从而使得这些元素间内在的相关。在第一种方法即栅格编码法中，属性值针对每个像素以空间矩阵的形式表示，这种类型的地图需要大量的存储空间，因而在需要利用数学模型或计算的车辆定位和导航的应用中难以被使用。因此，实际中大量使用的地图主要是矢量编码地图。

定位模块是车辆定位与导航系统中的一个关键模块，其相关的车载设备包括 GPS 接收机以及其他各类传感器。为了帮助驾驶人获得车辆位置或者提供给用户适当的操作指令，车辆的位置都必须首先被准确地确定。因此，获得精确和可靠的车辆定位信息对于任何好的车辆定位和导航系统而言都是一个基本的先决条件。

定位的概念一方面是指确定一部车辆的地球坐标以定位其在地球表面的绝对位置，另一方面是确定车辆与重要的标志性建筑或其他特征物体（如道路之间）的关系，可将其理解为相对位置。这些工作均主要由定位模块

汽车定位

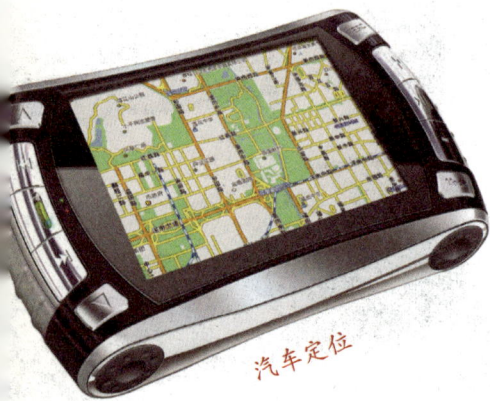

完成。基本的定位技术包括传感器技术和传感器信号融合技术。

目前，使用的定位技术主要有 3 种，即独立计量、卫星定位和无线测量技术。航位推算是一个典型的独立计量技术，而最普通的卫星定位技术就是给车辆配备一个 GPS 接收器。航位推算与 GPS 技术是目前车辆定位和导航系统中最广泛应用的技术，而无线测量技术的应用则并不普遍。

由于各种限制，没有任何单个的传感器能不间断地提供车辆定位与导航系统所需要的精确的位置信息。最普通的解决方法就是将若干不同的传感器信号进行"融合"，以使它们"互补"，从而完成系统的要求。因此，一个定位模块包含若干个传感器，它们相互结合，以满足总体性能要求。定位模块是车辆定位与导航系统中最基本的模块，它是基于许多不同的定位传感器，如 GPS 接收机、惯性陀螺等组成的。由于 GPS 在高大建筑的阴影下会丢失信号，所以现在一般是将其与其他信号"融合"，以保证其定位精度。

地图匹配单元

地图匹配单元在车辆定位与导航系统中起着非常重要的作用，它利用数字地图使定位系统更加可靠、准确，与之相关的车载设备为计算机和各类传感器。

为了给驾驶人提供适当的"操作"指令，或将车辆准确地显示在地图上，车辆的位置都必须精确地确定，因此，准确的车辆位置是保证系统性能良好的先决条件。前文已经说明了车辆定位导航系统是如何利用定位模块中的传感器来确定其位置的，其中一种常用方法被称为"航位推算"法。

航位推算能计算出车辆相对另一位置（如起始点）的行驶轨迹，车辆在方向和距离上相对于起点的逐步变化被用来跟踪其位置，但不免会有积累误差，这些误差使车辆位置的推算不准确。而且即使具有非常好的传感

器矫正和"融合"技术，不准确也是不可避免的。这些不准确的后果是实际车辆位置将与计算车辆位置不符。这些不准确性随着行驶距离的增加还会进一步扩大，从而使误差增加，车辆的位置更加不定。

　　为了解决这种不确定性，地图匹配单元的作用就是将由"航位推算"得到的车辆位置与数字地图上的一个实际位置对应起来，也即当"航位推算"算出车辆在地图的某一位置时，匹配单元会根据实际情况将它调整

汽车定位导航

至另一个更为可能的位置。这样就可以消除至下一个地图匹配步骤的累积误差，从而通过在系统的每个后续循环中执行这个过程，得到一个更为准确的车辆位置信息。

　　值得注意的是，这里只是用"航位推算"作为例子，以方便讨论由传感器算得的位置和地图匹配位置间的差别。其他定位技术，如 GPS 或无线测量技术也面临着同样的问题。因为整个过程包括了地图和匹配过程，这些算法称为地图匹配算法。

　　一个好的地图匹配算法能够极大地提高定位的准确性，其道理是很明显的。与空中或海洋的运输导航不同，道路运输车辆基本上是限制在道路网络中运行的，只是偶尔地停在停车场或其他的非道路地点。这就使得使用计算机算法将车辆运行轨道与数字地图上的道路信息相互匹配成为可能。

　　一个地图匹配算法可以将基于各种传感器得到的车辆位置对应到道路网络中去，其方法就是将车辆的运行轨道与在数字地图数据库中标明了的道路网络进行比较。当然，这也就意味着假定车辆是运行在道路上的。这个单元中，车辆的行驶轨迹不断地与组成道路网络的一系列相连的路段作比较，通过模式识别和匹配过程，车辆相对于地图的最可能的位置就被确定。由于数字地图数据库包含道路的坐标值，地图匹配的位置可被用作下一个循环的起点位置，从而消除位置的积累误差。

　　如前所述，地图匹配是这样的一个过程：通过将车辆运行的轨迹与数

字地图上的道路网络相对应，从而确定车辆在该地图上的位置。这是一个基于软件的技术，需要大量地使用存储在系统中的数字地图。很显然，供给该单元使用的数字地图必须非常精确，否则系统会产生一个不准确的位置输出，而这反过来就会大大地影响系统的性能。一般认为数字地图必须精确到与实际位置相差不超过 15 米。

道路导航

知识链接

什么是智能汽车

智能汽车是可以自动启动、自动刹车，也可以自动绕开一般障碍物顺利地前进的汽车。智能汽车的主要特点，就是在错综复杂的情况下能"随机应变"，自动地选择最佳方案，操纵和驾驶车子运行。为什么智能汽车这么"聪明"呢？原来智能汽车的驾驶操纵系统是由道路图像识别装置、小型电子计算机和用电信号控制的自动开关三部分组成的，道路图像识别装置就像智能汽车的眼睛，用来识别前方障碍物。

在智能汽车的目标实现之前，实际上已经出现了许多辅助驾驶系统，并广泛应用在汽车上，如：智能雨刷，可以自动感应雨水及雨量，自动开启和停止；自动前照灯，在黄昏光线不足时可以自动打开；智能空调，通过检测人皮肤的温度来控制空调风量和温度；智能悬架，也称主动悬架，自动根据路面情况来控制悬架，减少颠簸；防打瞌睡系统，用监测驾驶员的眨眼情况来确定其是否很疲劳，必要时停车报警……